网络教育学习概论

张　忠　编

合肥工业大学出版社

内容简介

“网络教育学习概论”是重庆大学网络教育专科和本科学生的一门必修课程，该课程以引导学生掌握网络教育学习方法为核心内容，为学生提供在网络学习过程中常见解答问题的方式，是网络教育学习的指导性课程。本教材是在历经多年使用电子教材的经验基础上编写而成的。

本书对网络教育学习的几个关键环节，如课程学习、平时作业、课程考试、毕业设计(论文)等进行了重点讲述；对专科起点本科学生的统考课程进行了详细说明；对修满学分后，如何毕业和申请学位也提出了明确要求。通过本书的学习，学生可以认识到网络学习与传统课堂学习的区别，并掌握网络学习的方法、了解网络学习的步骤、解决网络学习过程中遇到的问题等。

图书在版编目(CIP)数据

网络教育学习概论/张忠编．—合肥：合肥工业大学出版社，2022.6
ISBN 978-7-5650-5884-4

Ⅰ.①网… Ⅱ.①张… Ⅲ.①网络教育—概论 Ⅳ.①G434

中国版本图书馆 CIP 数据核字(2022)第 068453 号

网络教育学习概论

张 忠 编　　　　责任编辑 袁 媛

出 版	合肥工业大学出版社	版 次	2022年6月第1版
地 址	合肥市屯溪路193号	印 次	2022年6月第1次印刷
邮 编	230009	开 本	787毫米×1092毫米 1/16
电 话	基础与职业教育出版中心：0551-62903120	印 张	10.25
	营销与储运管理中心：0551-62903198	字 数	231千字
网 址	www.hfutpress.com.cn	印 刷	安徽昶颉包装印务有限责任公司
E-mail	hfutpress@163.com	发 行	全国新华书店

ISBN 978-7-5650-5884-4　　　　定价：42.00元

前　言

“网络教育学习概论”是重庆大学网络教育专科和本科学生的一门必修课程，由于该课程仅有供学生在网络学习平台上在线学习的电子教材，没有纸质教材，给学生的学习带来诸多不便；同时，网络教育受政策和疫情影响，学生的学习方式、课程考核方式、毕业论文写作方式等都发生了较大变化，现有电子教材不能很好地满足学生学习的需要，因此将编写本教材。本书的出版对学生尽快掌握网络学习方法、尽早完成学业具有积极意义。

本书以“理论与实践相结合、案例与操作相结合、方法与技术相结合”为指导思想，全面系统地介绍了在网络教育学习过程中可采用的学习方法，引导学生掌握网络教育学习主要环节的核心内容，为学生提供了常见解答问题的方式。对学习过程的几个关键环节，如课程学习、平时作业、课程考试、毕业设计（论文）等进行了重点讲述；对专科起点本科学生参加统考进行了详细说明；对修满学分后，如何毕业和申请学位也提出了明确要求。通过本教材各章节的学习，学生可以较快掌握网络课程学习的方法；了解从入学到毕业所必需的学习流程，并掌握如何具体操作；了解学习过程中的相关政策规定，找到学习过程中分析问题、解决问题的方法。

全书分为9个章节，主要包括准备学习、课程学习、课程作业、现场考试、网上考试、统考课程、毕业论文、关于毕业、关于学位等内容。本书适用于重庆大学网络教育高中起点专科和专科起点本科学生，也可供开展现代远程教育的社会各界人员学习和参考。

由于编者水平有限，本书不当及疏漏之处在所难免，欢迎广大读者批评指正。

编　者

2022年3月

目　录

第 1 章　准备学习

重庆大学创办于 1929 年，是中央直管和教育部直属的全国重点大学，是涵盖了理、工、文、经、管、法、艺、教育等学科门类的全国著名综合性大学，国家“985 工程”和“211 工程”重点建设的高水平研究型综合性大学，以及国家“世界一流大学建设高校（A 类)”。重庆大学于 2000 年经教育部批准开展现代远程教育试点工作，2001 年成立重庆大学网络学院。

学院依托重庆大学雄厚的办学实力和丰富的优秀教学资源，以培养社会急需的应用性人才为目标，开设了高中起点专科、专科起点本科、专科起点本科 *（本科及以上学历）等层次的教学工作。

1.1　从入学到毕业

由于学院所开设的三个招生层次的培养目标不同，涉及的教学环节也有所不同。接下来我们就不同层次的要求给大家介绍学习、作业、考试、论文、毕业和学位等教学内容，便于大家了解从入学到毕业的教学环节和注意事项。

1. 报读高中起点专科

报读高中起点专科学生须具有普通高中、中专、技校及以上学校的毕业证书或者同等学历。

学生通过观看课件、直播教学和课程论坛完成课程学习，完成每门课程的三套作业题，参加考试且每门课程总成绩合格取得该课程学分。在学习期限内（2.5～5 年）修满教学计划规定的 80 学分准予毕业。毕业资料齐全者可颁发重庆大学高中起点专科毕业证书。

（1）课程学习

学生在网上通过课件或纸质教材进行业余自主学习，无面授、不脱产学习。通过教学平台实现教师与学生的互动，在网上完成辅导、答疑、交流讨论、作业等教学环节。

1）课程成绩的组成

每门课程成绩总分以百分制计算，总成绩达到 60 分为合格，才可取得该门课程对应的学分。总成绩可在“进入教室→快捷通道→已修在修课程信息”里查看。每门课程成绩组成如下：

课程总成绩（100 分）＝学习过程成绩（10％）＋作业成绩（30％）＋考试成绩（60％）

2）学习过程成绩

学习过程成绩包括观看课件、观看直播教学、参加课程论坛三部分。

① 观看课件

登录“课程课件”学习课程内容。课件内容采用录制形式，由课程建设教师立足课程教材、参考学科资料，并融合自己多年的教学经验和本学科领域当前最新的发展动态，从而建设出涵盖该门学科完整的、系统的学习资源。完成对应课程中视频、网页内容的学习，是参加网上考试或预约现场考试的必要条件之一。

② 观看直播教学

登录“直播教学”在线收听课程重点、难点讲解，并与教师进行实时互动。学生可根据学院公告的时间参加相应课程的直播学习，如错过直播时间可以在结束后观看直播录像。

③ 参加课程论坛

登录“课程论坛”与老师和同学进行交流。

（2）课程作业

每门课程有三套作业习题，学生须在规定时间内完成在学课程的作业。系统随机抽题，每位同学每套作业内容均不相同，作业成绩占课程总成绩的30%。

（3）课程考试

课程考试分为网上考试和现场考试两种形式。学院每年组织两次课程考试，春季考试时间为5月左右，秋季考试时间为11月左右。

1）网上考试

学生须提前准备好电脑和摄像头，安装“在线考试系统”。网上考试开通期间内，登录“在线考试系统”，通过“人脸识别”进行身份验证后才能进行网上考试。

2）现场考试

① 考试预约

预约条件：学习过程成绩取得5分及以上，且完成对应课程的三套作业。

预约时间：现场考试实行考试预约制，一般在组织现场考试前45天左右开通考试预约。

预约科目数：根据场次不冲突原则预约课程，每次考试最多可预约六门课程。

预约方式：学生须在规定的时间内进入网络教室完成预约，预约后才能参加现场考试。

② 考场查询

学生可在考试预约结束后20天左右登录网络教室查看考试安排信息。建议在考试前一周打印准考证，以确保考试信息的准确性。

③ 现场考试注意事项

考生带上身份证原件、准考证准时参加考试。

（4）关于毕业

1）毕业条件

在学习期限内（2.5～5年），修满教学计划规定的80学分准予毕业。毕业资料齐全者可颁发重庆大学高中起点专科毕业证书。

2）毕业资料

毕业资料包括毕业生图像采集、毕业生登记表。毕业生图像采集的照片用于制作毕业证书。毕业生登记表为电子版，毕业时打印后放入学生档案袋中。

高中起点专科学习流程如图1-1所示。

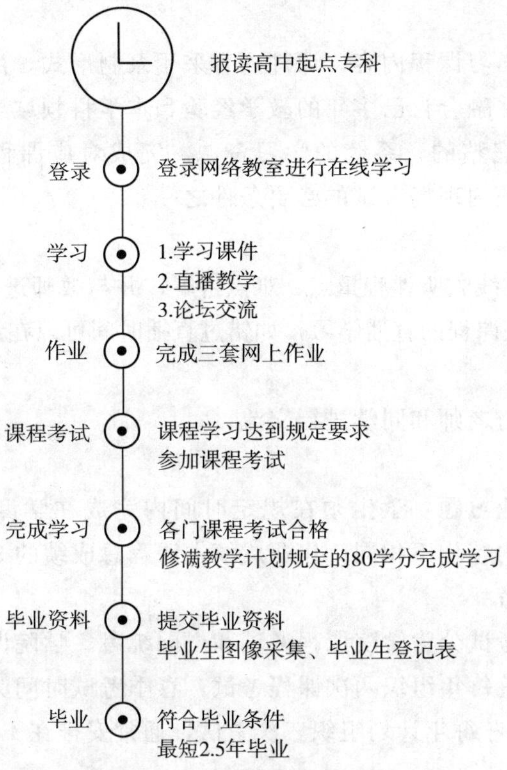

图 1-1　高中起点专科学习流程

2. 报读专科起点本科

报读专科起点本科学生须具有国民教育系列专科及以上毕业证书。

学生通过观看课件、直播教学和课程论坛完成课程学习，完成每门课程的三套作业题，参加考试且每门课程总成绩合格取得该课程学分。毕业前通过全国高校网络教育考试委员会组织的部分公共基础课全国统一考试。毕业前参加学院组织的毕业设计（论文）成绩达到及格及以上。在学习期限内（2.5～5 年）修满教学计划规定的 80 学分准予毕业。毕业资料齐全者可颁发重庆大学专科起点本科毕业证书。本科毕业生符合学位条件者可申请学士学位。

（1）课程学习

学生在网上通过课件或纸质教材进行业余自主学习，无面授、不脱产学习。通过教学平台实现教师与学生的互动，在网上完成辅导、答疑、交流讨论、作业等教学环节。

1）课程成绩的组成

每门课程成绩总分以百分制计算，总成绩达到 60 分为合格，才可取得该门课程对应的学分。总成绩可在“进入教室→快捷通道→已修在修课程信息”里查看。每门课程成绩组成如下：

课程总成绩（100 分）＝学习过程成绩（10％）＋作业成绩（30％）＋考试成绩（60％）

2）学习过程成绩

学习过程成绩包括观看课件、观看直播教学、参加课程论坛三部分。

① 观看课件

登录“课程课件”学习课程内容。课件内容采用录制形式，由课程建设教师立足课程教材、参考学科资料，并融合自己多年的教学经验和本学科领域当前最新的发展动态，从而建设出涵盖该门学科完整的、系统的学习资源。完成对应课程中视频、网页内容的学习，是参加网上考试或预约现场考试的必要条件之一。

② 观看直播教学

登录“直播教学”在线收听课程重点、难点讲解，并与教师进行实时互动。学生可根据学院公告的时间参加相应课程的直播学习，如错过直播时间可以在结束后观看直播录像。

③ 参加课程论坛

登录“课程论坛”与老师和同学进行交流。

（2）课程作业

每门课程有三套作业习题，学生须在规定时间内完成在学课程的作业。系统随机抽题，每位同学每套作业内容均不相同，作业成绩占课程总成绩的30%。

（3）课程考试、统考

专科起点本科层次考试分为学院课程考试和全国统考。学院课程考试分为网上考试和现场考试两种形式。学院每年组织两次课程考试，春季考试时间为5月左右，秋季考试时间为11月左右。全国统考每年计划组织三次考试，通常安排在4月、9月和12月。

1）网上考试

学生须提前准备好电脑和摄像头，安装“在线考试系统”。网上考试开通期间内，登录“在线考试系统”，通过“人脸识别”进行身份验证后才能进行网上考试。

2）现场考试

① 考试预约

预约条件：学习过程成绩取得5分及以上，且完成对应课程的三套作业。

预约时间：现场考试实行考试预约制，一般在组织现场考试前45天左右开通考试预约。

预约科目数：根据场次不冲突原则预约课程，每次考试最多可预约六门课程。

预约方式：学生须在规定的时间内进入网络教室完成预约，预约后才能参加现场考试。

② 考场查询

学生可在考试预约结束后20天左右登录网络教室查看考试安排信息。建议在考试前一周打印准考证，以确保考试信息的准确性。

③ 现场考试注意事项

考生带上身份证原件、准考证准时参加考试。

3）统考

“统考”是指教育部对现代远程教育试点高校网络教育部分公共基础课实施的全国统一考试，是专科起点本科学生必须通过的考试。

统考每年计划组织三次，通常在4月、9月和12月，具体时间以全国高校网络教育考试委员会实际公布为准。注册、报名、缴费一般在考前45天左右。

报考网址：http：//cdce. moe. edu. cn（中国远程与继续教育网）。

考试科目：大学英语 B、计算机应用基础。

考试形式：现场上机考试（电脑上机考）。

考试时间：每科 90 分钟。

考试地点：各地区的广播电视大学（报名时自己选择考点）。

（4）毕业设计（论文）

本科在籍学生修满 49 及以上学分且学习时间达 1.5 年及以上者，在规定时间进入网络教室“论文”平台参加毕业设计（论文）写作，全年分春、秋两次。

（5）关于毕业

1）毕业条件

在学习期限内（2.5～5 年）修满教学计划规定的 80 学分且通过统考，准予毕业。毕业资料齐全者可颁发重庆大学专科起点本科毕业证书。

2）毕业资料

毕业资料包括毕业生图像采集、毕业生登记表。毕业生图像采集的照片用于制作毕业证书。毕业生登记表为电子版，毕业时打印后放入学生档案袋中。

（6）关于学位

本科毕业生符合学位条件者可申请学士学位，以毕业证书落款时间为准，三年以内可以申请学位。超过规定申请期限的学生将失去申请资格，学院不再受理。学位申请每年受理两次，分别为 5 月和 11 月。学位申请条件见表 1－1 所列。

表 1－1　学位申请条件

申请条件	条件分类	申请条件具体内容
条件一	课程成绩	在籍期间，课程平均成绩 70 分及以上
条件二	毕业论文	在籍期间，毕业设计（论文）经过学校论文查重系统检测，达到规定要求后，参加学院组织的答辩，且答辩成绩（即总成绩）达到良好及以上
条件三	英语水平考核（满足任一条件即可）	1. 在籍期间，参加全国高校网络教育考试委员会组织的大学英语全国统一考试成绩 80 分及以上者
		2. 参加各省（自治区/直辖市）学位办统一组织的成人学士学位英语水平考试成绩合格者
		3. 参加全国高等教育自学考试英语（二）考试成绩合格者
		4. 已获得全国公共英语等级考试（PETS）三级及以上合格证书者或全国公共英语等级考试（PETS）三级以上（笔试部分）考试成绩大于等于 60 分者
		5. 参加全国大学英语四级及以上考试成绩达到 425 分及以上，且通过全国大学英语四、六级考试委员会办公室成绩核查者（2005 年 6 月后才能核查）
		6. 已获得国家承认的学士学位及以上学位者

专科起点本科学习流程如图 1－2 所示。

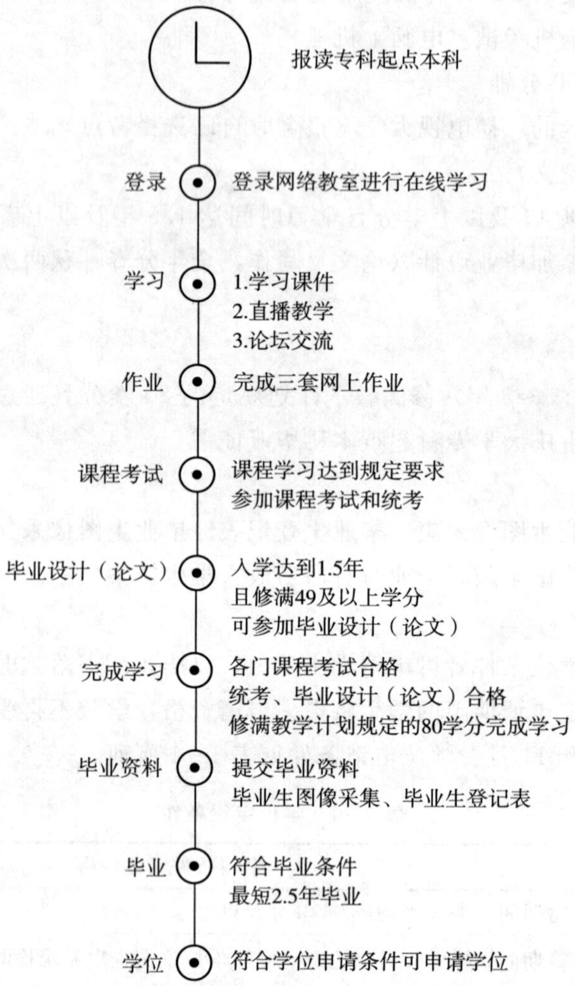

图 1－2　专科起点本科学习流程

3．报读专科起点本科＊（本科及以上学历）

报读专科起点本科＊（本科以上学历）学生须具有国民教育系列本科及以上毕业证书。

学生通过观看课件、直播教学和课程论坛完成课程学习，完成每门课程的三套作业题，参加考试且每门课程总成绩合格取得该课程学分。毕业前参加学院组织的毕业设计（论文）成绩达到及格及以上。在学习期限内（2.5～5 年）修满教学计划规定的 80 学分准予毕业。毕业资料齐全者可颁发重庆大学专科起点本科毕业证书。本科毕业生符合学位条件者可申请学士学位。

（1）课程学习

学生在网上通过课件或纸质教材进行业余自主学习，无面授、不脱产学习。通过教学平台实现教师与学生的互动，在网上完成辅导、答疑、交流讨论、作业等教学环节。

1）课程成绩的组成

每门课程成绩总分以百分制计算，总成绩达到 60 分为合格，才可取得该门课程对应的学分。总成绩可在“进入教室→快捷通道→已修在修课程信息”里查看。每门课程成绩组成如下：

课程总成绩（100 分）＝学习过程成绩（10％）＋作业成绩（30％）＋考试成绩（60％）

2）学习过程成绩

学习过程成绩包括观看课件、观看直播教学、参加课程论坛三部分。

① 观看课件

登录“课程课件”学习课程内容。课件内容采用录制形式，由课程建设教师立足课程教材、参考学科资料，并融合自己多年的教学经验和本学科领域当前最新的发展动态，从而建设出涵盖该门学科完整的、系统的学习资源。完成对应课程中视频、网页内容的学习，是参加网上考试或预约现场考试的必要条件之一。

② 观看直播教学

登录“直播教学”在线收听课程重点、难点讲解，并与教师进行实时互动。学生可根据学院公告的时间参加相应课程的直播学习，如错过直播时间可以在结束后观看直播录像。

③ 参加课程论坛

登录“课程论坛”与老师和同学进行交流。

（2）课程作业

每门课程有三套作业习题，学生须在规定时间内完成在学课程的作业。系统随机抽题，每位同学每套作业内容均不相同，作业成绩占课程总成绩的 30％。

（3）课程考试

课程考试分为网上考试和现场考试两种形式。学院每年组织两次课程考试，春季考试时间为 5 月左右，秋季考试时间为 11 月左右。

1）网上考试

学生须提前准备好电脑和摄像头，安装“在线考试系统”。网上考试开通期间内，登录“在线考试系统”，通过“人脸识别”进行身份验证后才能进行网上考试。

2）现场考试

① 考试预约

预约条件：学习过程成绩取得 5 分及以上，且完成对应课程的三套作业。

预约时间：现场考试实行考试预约制，一般在组织现场考试前 45 天左右开通考试预约。

预约科目数：根据场次不冲突原则预约课程，每次考试最多可预约六门课程。

预约方式：学生须在规定的时间内进入网络教室完成预约，预约后才能参加现场考试。

② 考场查询

学生可在考试预约结束后20天左右登录网络教室查看考试安排信息。建议在考试前一周打印准考证，以确保考试信息的准确性。

③ 现场考试注意事项

考生带上身份证原件、准考证准时参加考试。

（4）毕业设计（论文）

本科在籍学生修满49及以上学分且学习时间达1.5年及以上者，在规定时间进入网络教室“论文”平台参加毕业设计（论文）写作，全年分春、秋两次。

（5）关于毕业

1）毕业条件

在学习期限内（2.5～5年）修满教学计划规定的80学分准予毕业。毕业资料齐全者可颁发重庆大学专科起点本科*（本科及以上学历）毕业证书。

2）毕业资料

毕业资料包括毕业生图像采集、毕业生登记表。毕业生图像采集的照片用于制作毕业证书。毕业生登记表为电子版，毕业时打印后放入学生档案袋中。

（6）关于学位

本科毕业生符合学位条件者可申请学士学位，以毕业证书落款时间为准，三年以内可以申请学位。超过规定申请期限的学生将失去申请资格，学院不再受理。学位申请每年受理两次，分别为5月和11月。学位申请条件见表1-2所列。

表1-2　学位申请条件

申请条件	条件分类	申请条件具体内容
条件一	课程成绩	在籍期间，课程平均成绩70分及以上
条件二	毕业论文	在籍期间，毕业设计（论文）经过学校论文查重系统检测，达到规定要求后，参加学院组织的答辩，且答辩成绩（即总成绩）达到良好及以上
条件三	英语水平考核（满足任一条件即可）	1. 在籍期间，参加全国高校网络教育考试委员会组织的大学英语全国统一考试成绩80分及以上者
		2. 参加各省（自治区/直辖市）学位办统一组织的成人学士学位英语水平考试成绩合格者
		3. 参加全国高等教育自学考试英语（二）考试成绩合格者
		4. 已获得全国公共英语等级考试（PETS）三级及以上合格证书者或全国公共英语等级考试（PETS）三级以上（笔试部分）考试成绩大于等于60分者
		5. 参加全国大学英语四级及以上考试成绩达到425分及以上，且通过全国大学英语四、六级考试委员会办公室成绩核查者（2005年6月后才能核查）
		6. 已获得国家承认的学士学位及以上学位者

专科起点本科 *（本科及以上学历）学习流程如图 1-3 所示。

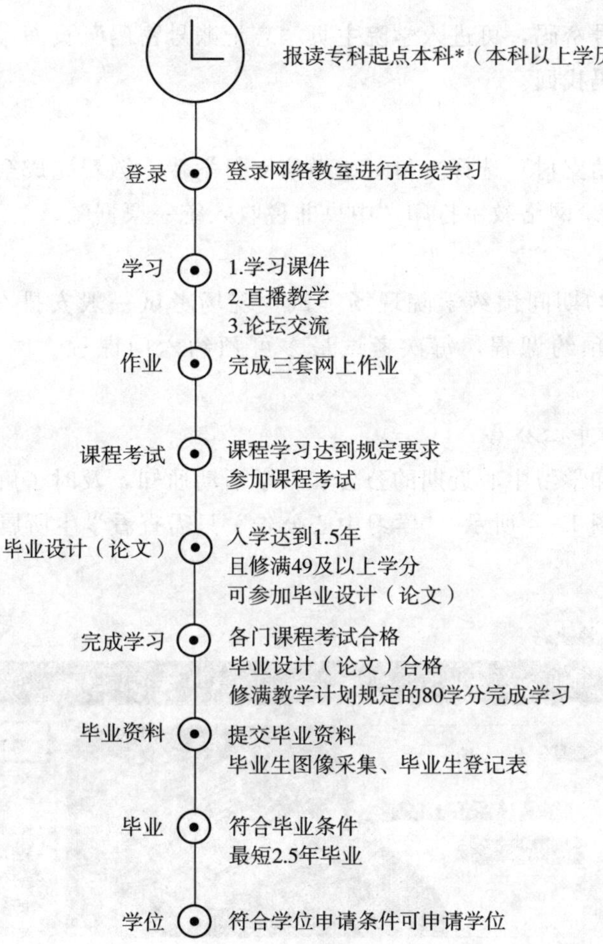

图 1-3　专科起点本科 *（本科及以上学历）学习流程

1.2　了解学院主页

重庆大学网络教育学院的官方主页是 www.5any.com，学生可以通过学院主页了解相关政策、获取相关通知、开展网络学习。

1. 移动教室

学生可下载并安装“移动教室”App，学院提供了苹果 iOS 版和安卓版的下载方式。学生可通过移动教室 App 随时随地学习、做作业。

2. 进入教室

点击“进入教室”输入学生用户名和密码即可登录网络教室学习、做作业。学生还可以在网络教室进行教学活动查询、考试信息查询和个人信息的查询、修改等操作。

3. 忘记账号密码

学生如忘记了账号密码，可进入学院主页“忘记账号密码”页面，使用网络教室登记的手机号码、证件号码找回。

4. 移动支付

学生可进入“移动支付”选择支付宝或微信支付学费，缴费完成第二天开课学习。学生缴费 48 小时后可登录网络教室打印“中央非税收入统一票据”。

5. 考试预约

学生可在考试预约期间预约学院现场考试。现场考试一般安排在周六、周日两天，根据场次不冲突原则预约课程，每次考试最多可预约六门课程。网上考试科目不需要预约。

6. 学院公告/学习中心公告

学生可查看学院和学习中心近期的公告和教学活动通知，及时了解相关政策、知晓学院学习活动安排，如图 1-4 所示。“学习中心公告”只需查看学生所属学习中心的公告。

图 1-4 学院主页

1.3　解析网络教室

网络教室是学生学习的平台，学生通过网络教室参加教学活动、查询个人信息、查看教学通知等，如图 1-5 所示。

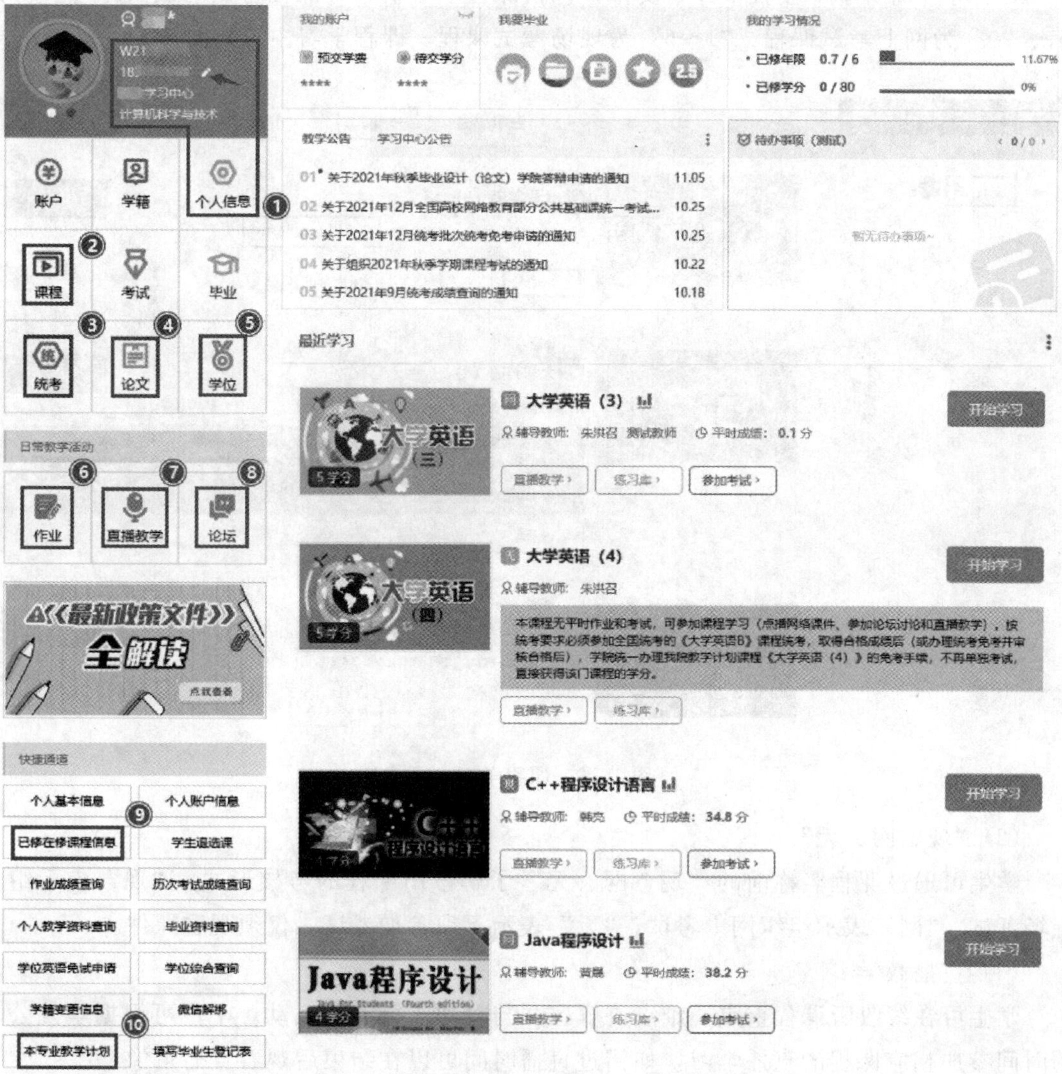

图 1-5　网络教室主页

1. 个人信息

学生可以查看自己的学号、报读专业和层次等个人基本信息。入学后请仔细核对个人基本信息，若发现有误可点击“铅笔”图标自行修改或联系所属学习中心老师修改。

进入“个人信息”页面，在最下方可查看毕业资料是否完善。毕业资料包括毕业生图像采集、毕业生登记表。毕业生图像采集的照片用于制作毕业证书。毕业生登记表为电子版，毕业时打印后放入学生档案袋中。

重要提示：如网络教室登记的手机号码发生变更，请及时修改。

2. 课程

（1）教学计划

学生可查询所学专业教学计划安排，包括课程学习状态、课程考试场次安排等。考试场次“0”为网上考试课程，“1～6”为现场考试课程。课程学习主页如图 1-6 所示。

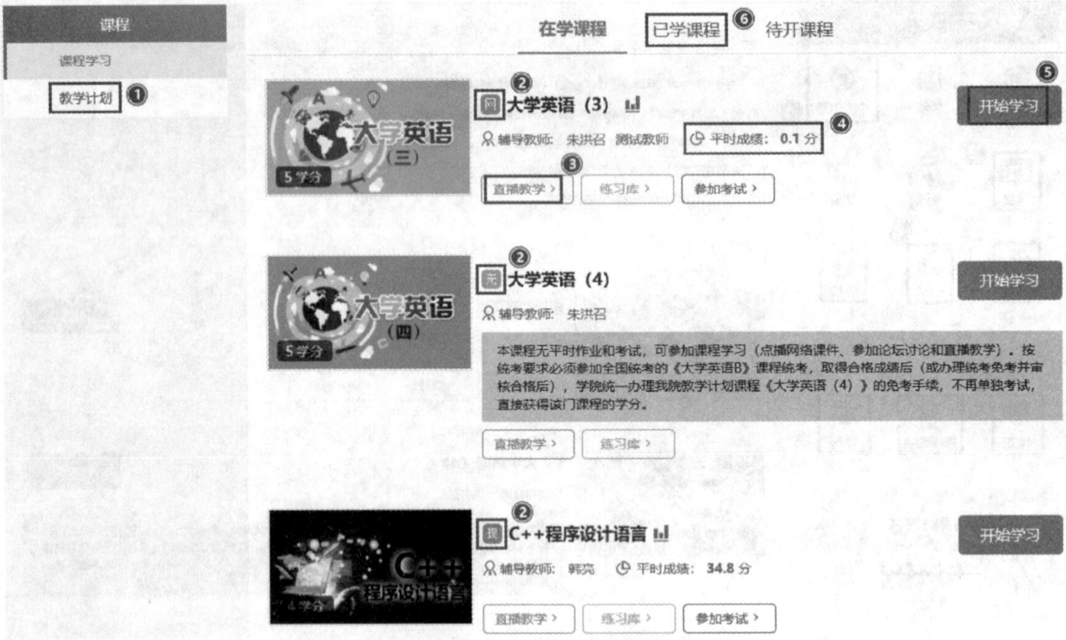

图 1-6 课程学习主页

（2）“现、网、无”

学生可通过课程名称前的“现、网、无”了解该门课程的考核形式。“现”表示组织现场考试，“网”表示组织网上考试，“无”表示无须参加考试，仅须观看课件。

（3）直播教学

学生可在线收听课程重点、难点讲解，并与教师进行实时互动。学生可根据学院公告的时间参加相应课程的直播学习，如错过直播时间可以在结束后观看直播录像。

（4）平时成绩

学生可查看课程学习过程成绩和作业成绩。平时成绩可通过学习课件、课程论坛发帖/回帖、参加/收听直播教学、参加作业等学习活动获得，并按照各项学习活动完成情况计算分值。

（5）课程学习

学生进入“开始学习”可学习该门课程内容。课程内容采用录制形式，由课程建设教师立足课程教材、参考学科资料，并融合自己多年的教学经验和本学科领域当前最新的发展动态，从而建设出涵盖该门学科完整的、系统的学习资源。完成对应课程中视频、网页内容的学习，是参加网上考试或预约现场考试的必要条件之一。

(6) 已学课程

学生可查看考试已通过的课程。

3. 统考（只针对专科起点本科学生）

统考科目为“大学英语B”和“计算机应用基础”，这是专科起点本科学生必须通过的考试。学生进入“统考”平台可查询与统考相关的信息。

4. 论文

本科在籍学生修满49及以上学分且学习时间达1.5年及以上者，在规定时间进入网络教室“论文”平台参加毕业设计（论文）写作，全年分春、秋两次。

5. 学位

有意向申请学位的本科学生可进入“学位”平台上传申请资料，查看是否达到申请学位条件。

6. 作业

每门课程有三套作业，学生须在规定时间内完成在学课程的作业。系统随机抽题，每位同学每套作业内容均不相同，作业成绩占课程总成绩的30%。

7. 直播教学

在线收听课程重点、难点讲解，并与教师进行实时互动。学生可根据学院公告的时间参加相应课程的直播学习，如错过直播时间可以在结束后观看直播录像。

8. 论坛

与老师和同学进行交流。

9. 已修在修课程信息

学生可查询课程学习状态、课程成绩、取得学分等，了解自己的学习进度。

10. 本专业教学计划

学生可查询所学专业教学计划安排，包括课程学习状态、课程考试场次安排等。考试场次“0”为网上考试课程，“1～6”为现场考试课程。

1.4　辅助学习工具

学生除了可以通过电脑端登录网络教室进行学习以外，还可以通过手机登录“微教室”和“移动教室”进行查询和学习。

1. 用微信学习

“微教室”是基于微信公众号搭建的“学习查询”平台，如图1-7所示。学生可关注学院微信公众号，进入“微教室”绑定个人账户，查询个人信息、学院通知、学习进度等相关情况。

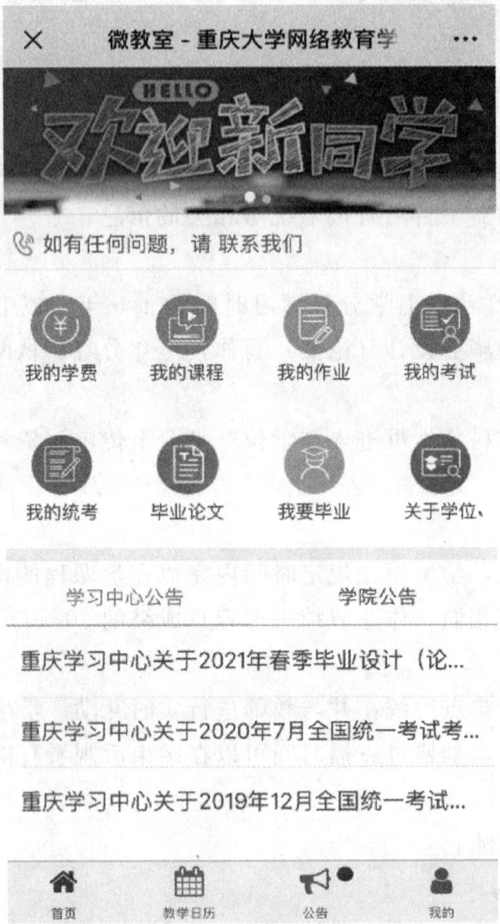

图 1-7　微教室主页

（1）功能介绍

1）我的学费

查询学费缴纳情况。

2）我的课程

查询学习情况、平时成绩。

3）我的作业

查询课程作业成绩。

4）我的考试

查询网上考试、现场考试相关事宜。

5）我的统考

查询统考相关政策。

6）毕业论文

查询毕业论文写作条件、写作进度。

7）我要毕业

查询毕业条件、毕业进度。

8）关于学位

查询学位申请条件、申请时间、学位英语免试条件。

9）底部菜单

查询全年教学时间安排、学院及学习中心公告、个人基本信息。

（2）如何绑定

第 1 步：打开微信使用“扫一扫”扫描二维码，如图 1－8 所示。

第 2 步：点击“关注”，如图 1－9 所示。

图 1－8　微信公众号二维码

图 1－9　关注微信公众号

第 3 步：点击“微官网”，进入微教室账号绑定页面，如图 1－10、图 1－11 所示。

图 1－10　微教室绑定

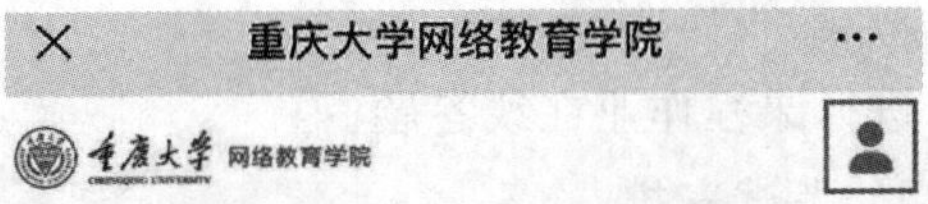

图 1－11　微教室绑定

第 4 步：输入手机号码、验证码，点击账户绑定即可。绑定的手机号码需与网络教室登记的手机号码一致，如图 1－12 所示。

第 5 步：进入“微教室”，绑定成功，如图 1－13 所示。

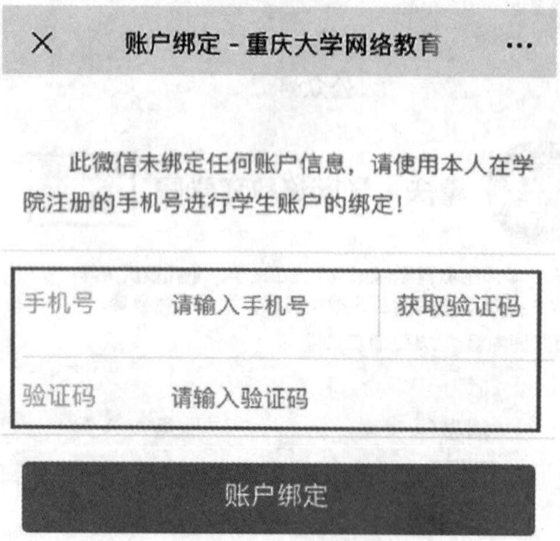

图 1－12　账户绑定

图 1－13　微教室主页

2. 用 App 学习

“移动教室”是利用手机、平板电脑等移动工具实现在线学习、查询学习状态、查询个人信息的 App。同学们可下载并安装“移动教室”，使用用户名和密码登录。

（1）功能介绍

1）教学活动安排

查询近期教学活动安排，如图 1－14 所示。

2）课程学习

进行课程在线学习、查询学习情况、查询平时成绩。

3）在线作业

进行课程作业在线答题。

4）考试安排

查询现场考试预约时间、所预约课程、考试准考证。

5）毕业论文设计

查询毕业论文写作条件、写作进度。

6）成绩查询

查询课程考试成绩、统考成绩、毕业论文成绩。

7）学习账户

查询学费缴纳情况。

8）公告

查询教学公告、作业公告、学习中心公告。

9）底部菜单

查询个人基本信息、学院联系方式。

(2) 下载安装和登录

1）下载安装

① 安卓系统下载安装

第 1 步：打开手机浏览器使用“扫一扫”扫描二维码，如图 1－15 所示。

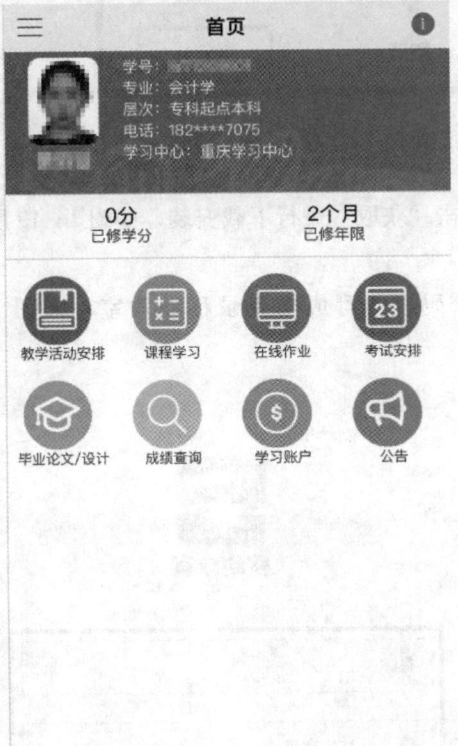

图 1－14　移动教室主页

图 1－15　移动教室二维码

第 2 步：点击“本地下载”进行下载安装，如图 1－16 所示。

重要提示：

如果手机出现无提示的情况，请检查当前的浏览器是否启用了 JavaScript，点击浏览器中的“设置→浏览设置→启用 JavaScript”。不同手机或者浏览器名称可能会有所区别，请根据实际情况进行设置，或者更换浏览器扫码。

图 1－16　移动教室下载

② 苹果系统下载安装

第 1 步：打开微信使用“扫一扫”扫描二维码，如图 1－17 所示。

第 2 步：点击“允许”跳转至“App Store”（苹果商店），如图 1－18 所示。

图 1－17　移动教室二维码

图 1－18　移动教室下载

第 3 步：进入“App Store”（苹果商店），点击“获取”进行下载安装，如图 1－19 所示。

2）登录

安装后点击“移动教室”，输入用户名和密码，即可成功登录移动教室，如图 1－20 所示。

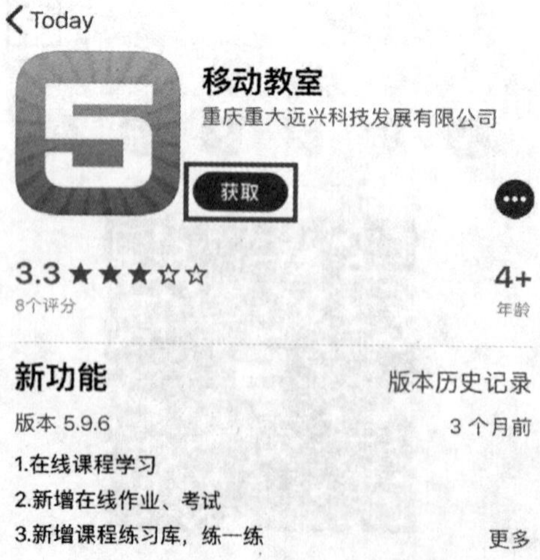

图 1－19　移动教室下载

图 1－20　登录移动教室

3）进入“移动教室”

成功进入“移动教室”后，即可开始学习，如图 1-21 所示。

图 1-21　移动教室主页

1.5　设置学习环境

为了能正常使用电脑端进行学习，需要先检查操作系统、浏览器是否符合学习要求，避免学习过程中出现问题，影响学习进度。

1. 电脑端学习环境要求

（1）操作系统

推荐使用 Windows 10 及以上版本的操作系统。Windows XP 系统、MacOS 系统无法进行网上学习。

（2）浏览器

推荐使用最新版 Google Chrome 浏览器，也可使用 Microsoft Edge、Firefox 浏览器。

2. 如何查看操作系统

打开电脑“桌面”，通过查看项目图标即可查看操作系统，如图 1－22 所示。

Windows XP系统（无法正常学习）

MacOS系统（无法正常学习）

Windows 10系统（可以正常学习）

Windows 11系统（可以正常学习）

图 1－22　系统图标

3. 如何查看浏览器类型

打开电脑“桌面”，通过查看浏览器图标即可查看浏览器，如图 1－23 所示。

Internet Explorer
（无法正常学习）

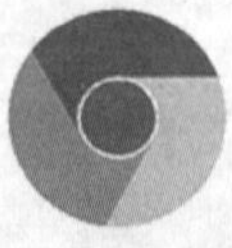

Google Chrome
（可以正常学习）

Microsoft Edge
（可以正常学习）

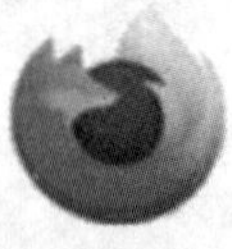

Firefox
（可以正常学习）

图 1－23　浏览器图标

第 2 章　课程学习

2.1　课程在线学习

课程在线学习内容采用录制的形式，是老师对该门课程教学内容进行的文字、视频讲解。学生可以通过手机 App（“移动教室”）、电脑，随时随地上网学习。

在课程学习中，视频、网页内容的学习是学习过程成绩的组成部分，完成课程在线学习是参加网上考试和预约现场考试的必要条件之一。

1. 如何进入课程在线学习

登录学院主页，点击“进入教室”→“课程”→“在学课程”→“开始学习”，即可进入该门课程的学习页面，如图 2-1、图 2-2 所示。

图 2-1　网络教室主页

图 2-2　课程学习主页

2. 如何开始课程在线学习

(1) 进入课程学习页面，可以看到该门课程的“课程介绍”“教师简介”等内容，如图 2-3 所示。

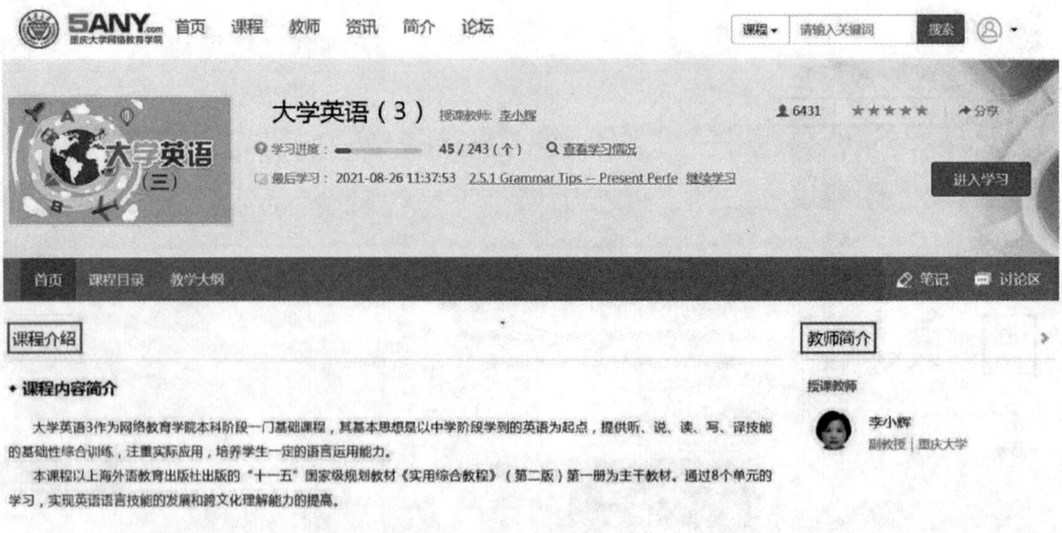

图 2-3　课程主页

(2) 在“课程目录”页面，可以看到该门课程的所有章节、知识点。我们可以根据自己的需求，进行网页学习或者视频学习，如图 2-4 所示。

图 2－4　课程目录

1）网页学习

选择要学习的内容，点击“网页”图标即可进入该知识点进行网页学习。在网页学习页面，每个知识点的学习时间超过 3 分钟即可取得 0.1 分的学习过程成绩，如图 2－5、图 2－6所示。

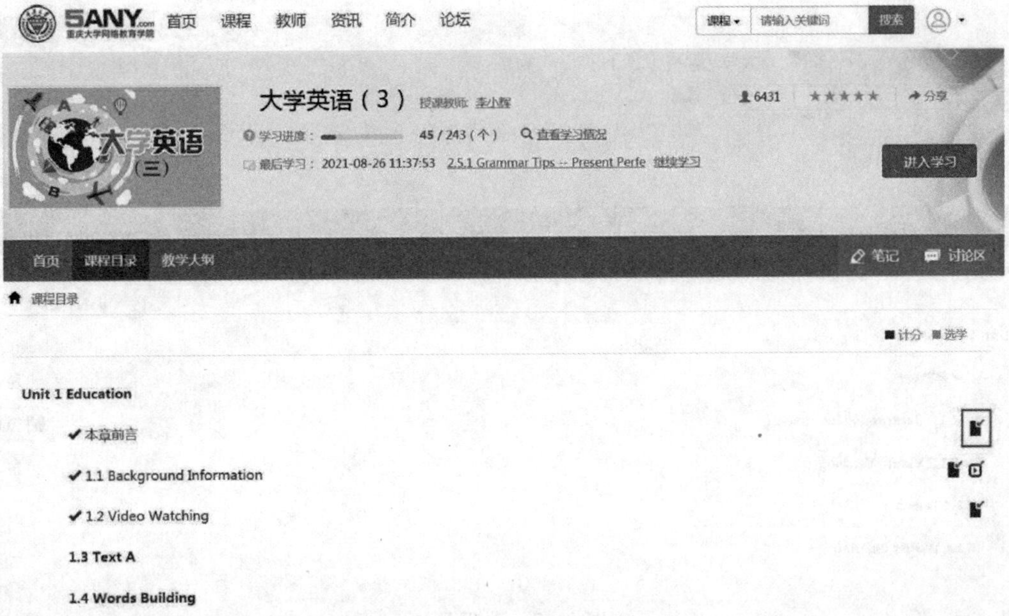

图 2－5　课程目录

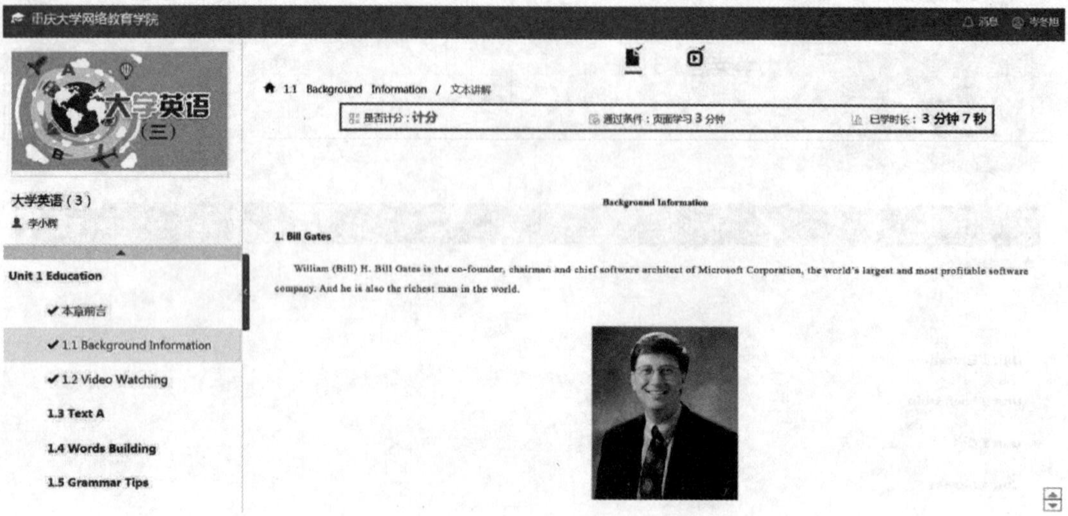

图 2－6　课程内容

2）视频学习

选择要学习的内容，点击“播放”图标即可进入该知识点进行视频学习。在视频学习页面，每个知识点视频内容学习结束以后即可取得 0.5 分的学习过程成绩，如图 2－7、图 2－8所示。

图 2－7　课程目录

图 2-8 课程视频

3. 如何查看学习过程成绩

在“在学课程”页面，点击“平时成绩”右边的分数，即可查看该门课程平时成绩的详细得分。学习过程成绩计分有视频学习、网页学习、课程论坛学习和直播学习等四种教学活动，课程论坛学习和直播学习的成绩累计不超过 5 分，四种教学活动的学习成绩累计不超过 10 分，如图 2-9 所示。

重要提示：当天学习过程成绩在第二天凌晨更新。

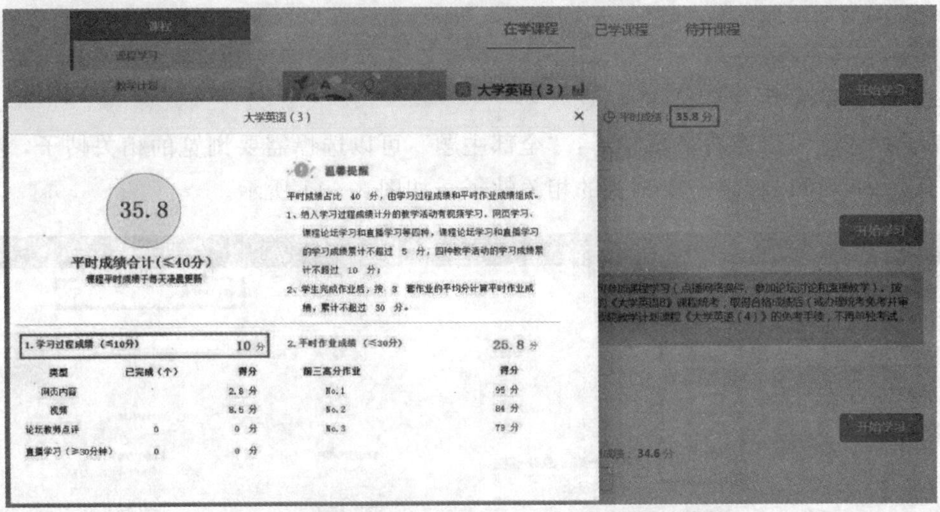

图 2-9 平时成绩

2.2 课程论坛交流

学生在学习过程中，如遇到疑难点可以在课程论坛通过发帖、回帖的形式与老师和同学进行交流。

在课程论坛发帖、回帖获得老师回复并点赞的学生，该课程可以取得 0.5 分的学习过程成绩，此项成绩累计不超过 5 分。老师一般在 48 小时内对课程论坛发帖进行回复，如遇节假日或其他特殊情况，回复时间顺延。

1. 如何进入课程论坛

登录学院主页，点击“进入教室”→“论坛”，即可进入课程论坛页面，如图 2-10 所示。

图 2-10 网络教室主页

2. 如何查看帖子

“帖子列表”可以查看最新帖子，“全部主题”可以选择需要浏览的相关帖子，在右上角输入任意内容可以搜索需要浏览的相关帖子，如图 2-11 所示。

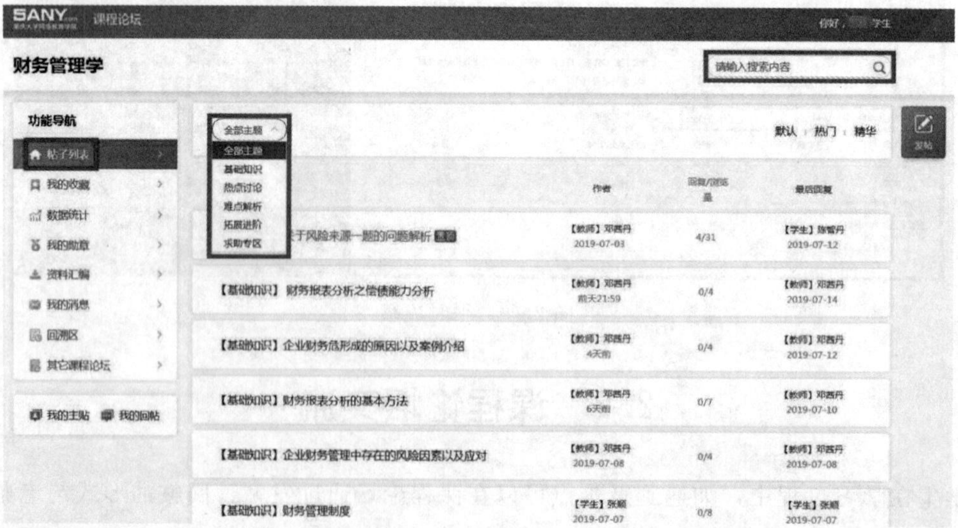

图 2-11 课程论坛（一）

“回溯区”可以查看历史帖子，如图 2 - 12 所示。

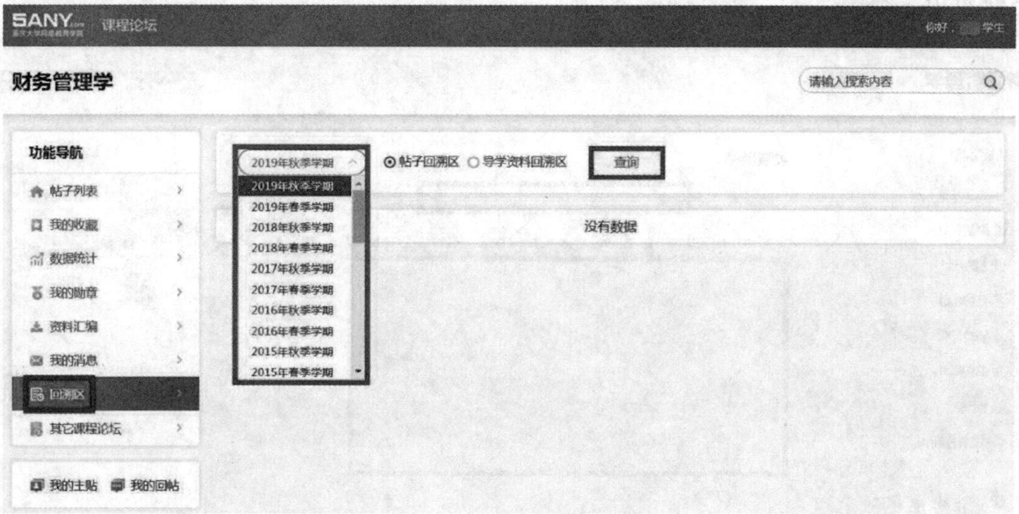

图 2 - 12　课程论坛（二）

3. 如何发布帖子

点击“发表新帖”或“发帖”可以发布新帖子，如图 2 - 13 所示。

图 2 - 13　课程论坛（三）

在“标题”处输入帖子的标题，将具体内容填入下方空白框中，点击“发表帖子”即可发布新帖，如图 2-14 所示。

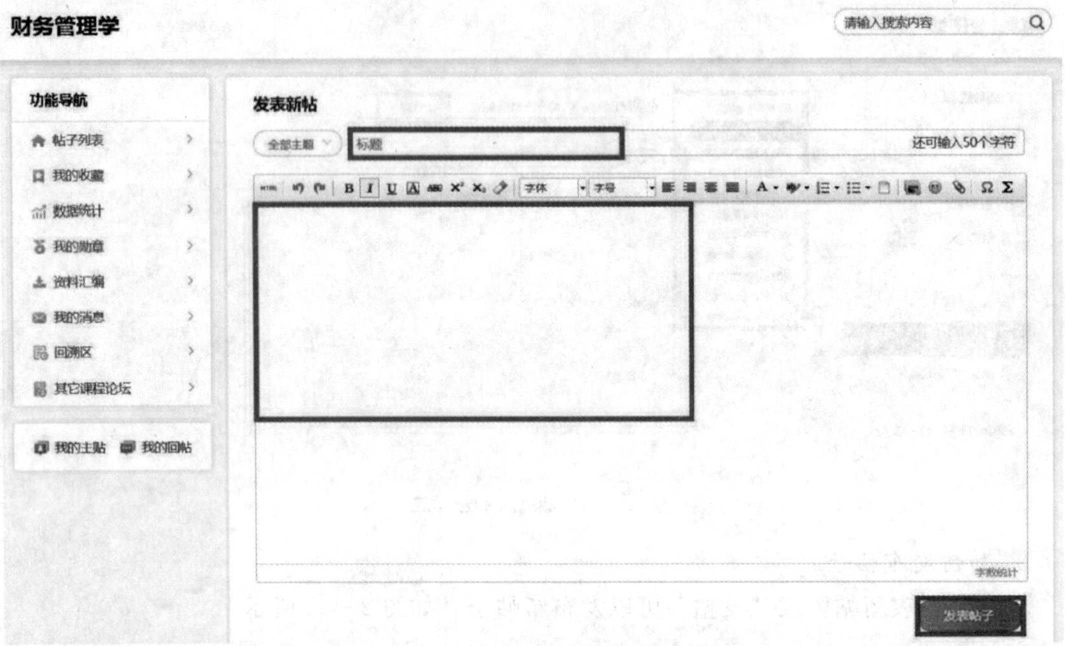

图 2-14　课程论坛（四）

4. 如何回帖

点击帖子即可进入相关主题的具体内容并对其进行浏览或回复，如图 2-15 所示。

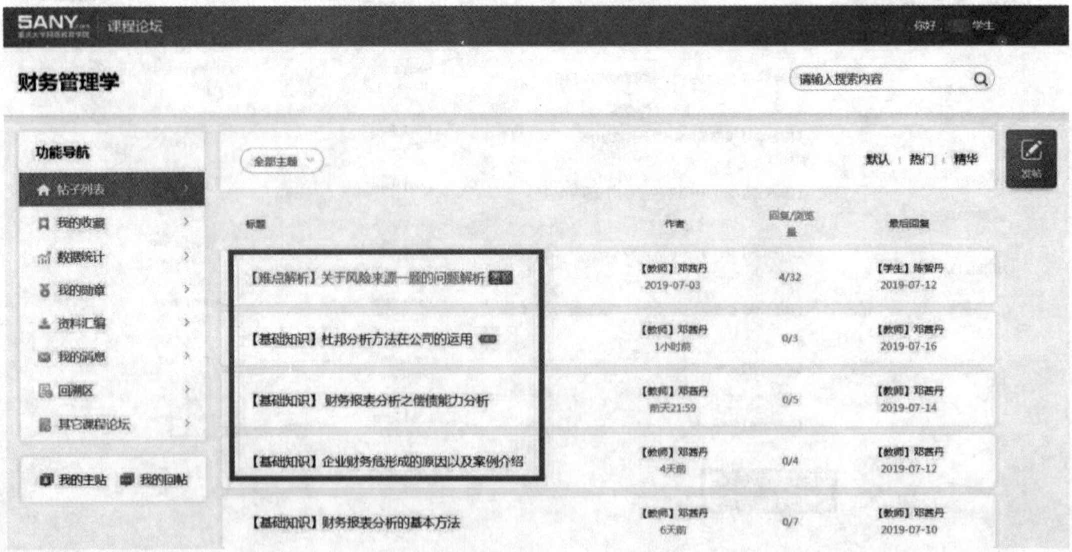

图 2-15　课程论坛（五）

在帖子内容的最下方，将需要回复的内容输入空白框中，点击“回复”即可回帖，如图 2 - 16所示。

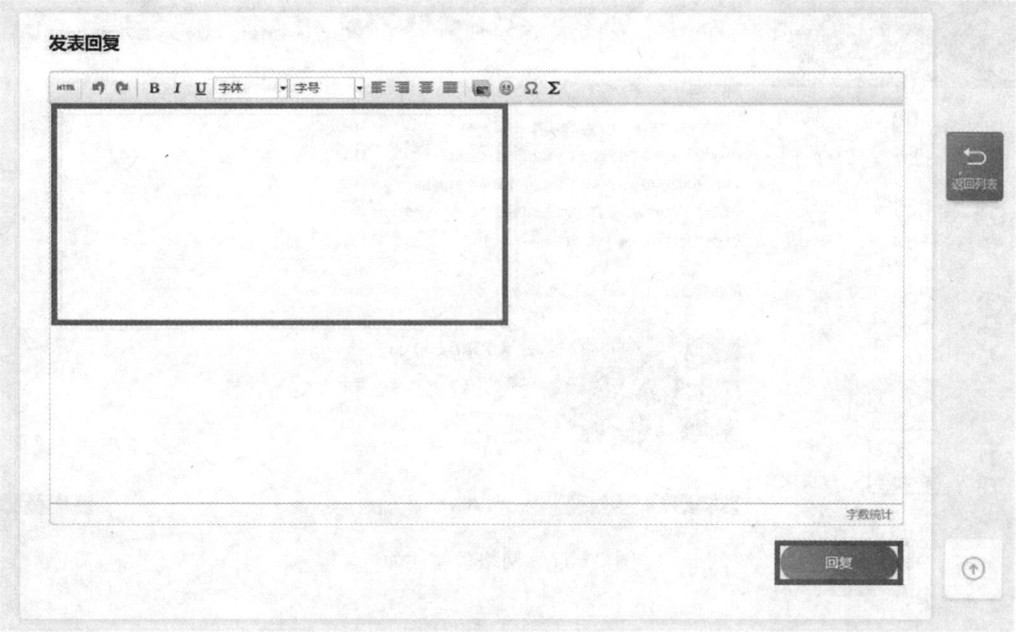

图 2 - 16　课程论坛（六）

2.3　课程直播教学

直播教学是老师通过语音和 PPT 课件的形式对课程重点、难点的在线讲解，学生可以根据学院公告通知的时间参加相应课程的直播教学，并与老师实时互动。如果错过实时直播可以在直播教学结束后观看直播录像。

观看直播教学可以取得学习过程成绩，此项成绩累计不超过 5 分。

1. 如何进入直播教学

登录学院主页，点击“进入教室”→“直播教学”，即可进入直播教学，如图 2 - 17 所示。

2. 如何进入实时直播

在进行实时直播的时间内，选择需要观看直播的课程，点击“进入直播”即可参加实时直播，并与老师互动，如图 2 - 18 所示。

3. 如何观看直播录像

（1）如果错过实时直播时间，可以在“历史直播”栏目中找到需要观看直播录像的课程知识点，即可观看该知识点的直播录像，如图 2 - 19 所示。

图 2－17　网络教室主页

图 2－18　直播教学（一）

图 2 - 19　直播教学（二）

（2）认真阅读提示信息后，开始观看直播录像，每个直播录像的观看时长超过 30 分钟即可取得 1 分的学习过程成绩，如图 2 - 20 所示。

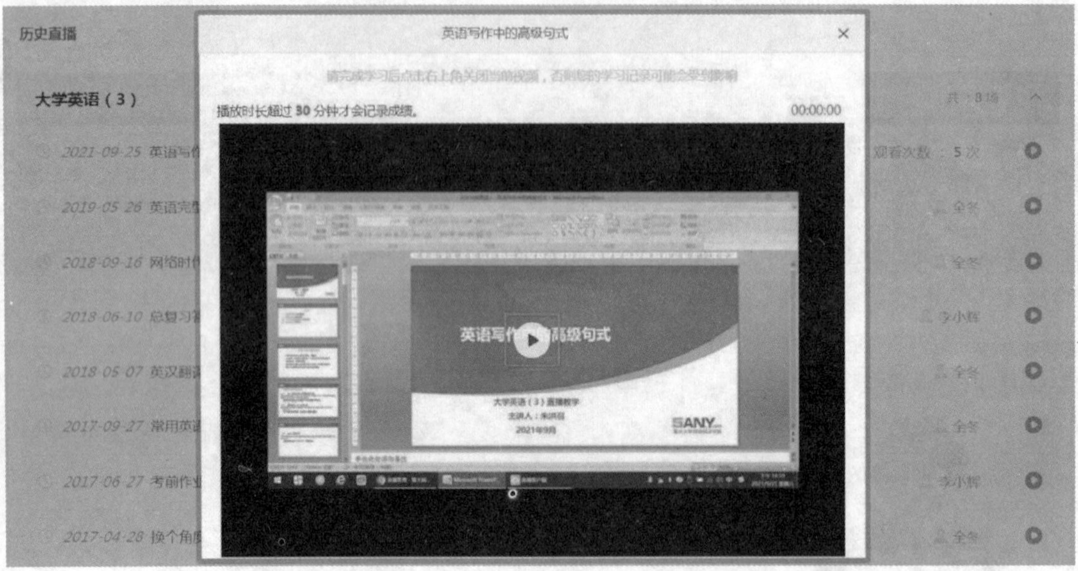
历史直播
英语写作中的高级句式
大学英语（3）
播放时长超过 30 分钟才会记录成绩。
00:00:00
2021-09-25
2019-05-26
2018-09-16
2018-06-10
2018-05-07
2017-09-27
2017-06-27
2017-04-28
观看次数：5 次
李小辉
大学英语（3）直播教学
2021年9月
SANY

图 2-20　直播教学（三）

第 3 章　课程作业

3.1　作业说明

课程作业是考查学生对课程知识掌握情况的有效方法，也是课程总成绩的重要组成部分。课程作业均为线上作业，无须线下提交。每门课程有三套作业，每套作业成绩占课程总成绩的 10%，三套作业成绩合计占课程总成绩的 30%。完成每门课程对应的三套作业，是参加网上考试和预约现场考试的必要条件之一。

课程作业具有以下特点：

(1) 课程作业从练习题库中随机抽题，每位学生每套作业均不相同。

(2) 课程作业客观题由系统自动批阅，提交后即可查看成绩。

(3) 课程作业主观题由教师统一批阅，原则上 48 小时后才能查看成绩，如遇节假日或其他特殊情况，批阅时间顺延。

(4) 课程作业成绩 70 分以下可以重做一次，取两次成绩的最高分。

(5) 课程作业成绩考试前一直有效，无须重复完成。

(6) 三次课程考试未通过（含缺考）进行重修的课程，该课程的三套作业需要重做。

(7) "形势与政策" 没有课程作业，只需要完成课程学习即可参加网上考试。

(8) "形式与政策实践" 没有课程作业，不用参加考试，只需要完成课程学习即可。

(9) "网络教育学习概论Ⅰ" "网络教育学习概论Ⅱ" 没有课程作业，不用进行课程学习，只需要参加网上考试即可。

3.2　作业操作流程

为了同学们能顺利完成课程作业并取得对应的平时作业成绩，下面将详细地给大家介绍课程作业的操作流程。

1. 如何进入在线题库平台

(1) 登录学院主页，点击 "进入教室" → "作业"，即可进入 "在线题库平台" 验证系统，如图 3 - 1 所示。

(2) 在 "在线题库平台" 验证系统页面，使用手机微信扫描屏幕中的二维码，通过验证后即可进入 "在线题库平台"，如图 3 - 2 所示。

图 3-1　网络教室主页

图 3-2　在线题库平台验证系统

重要提示：必须使用网络教室登记的手机号码所绑定的微信号进行扫码登录，且确保手机与电脑使用同一网络，否则无法通过验证。

2. 如何完成课程作业

（1）进入“在线题库平台”页面后，在“我的作业”→“课程列表”中选择需要答题的课程，点击“我要答题”即可开始完成“未答题”的作业，如图 3-3 所示。

图 3－3　在线题库平台

（2）进入课程作业答题页面后，单选题、多选题、判断题等可以直接在网页上进行勾选答题，如图 3－4 所示。

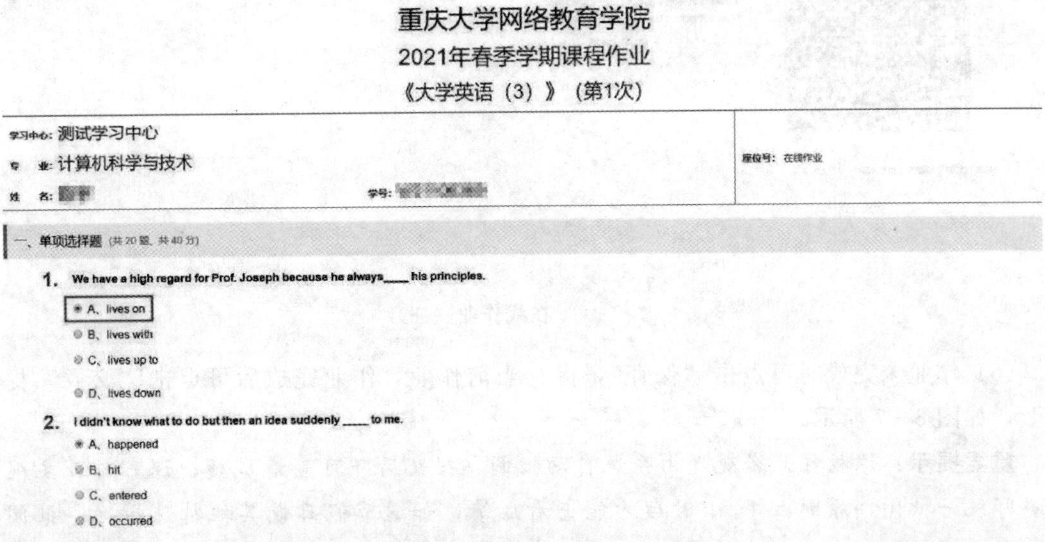

图 3－4　在线作业（一）

（3）填空题、名词解释、问答题等可以选择“在线答题”，直接在答题框里答题，如图 3－5 所示。

图 3－5　在线作业（二）

（4）答题中有图片或公式必须使用“扫码传”。请仔细阅读“使用说明”后，在纸上使用签字笔写出答案并签上本人姓名，手机拍照后使用微信扫码上传，如图 3－6 所示。

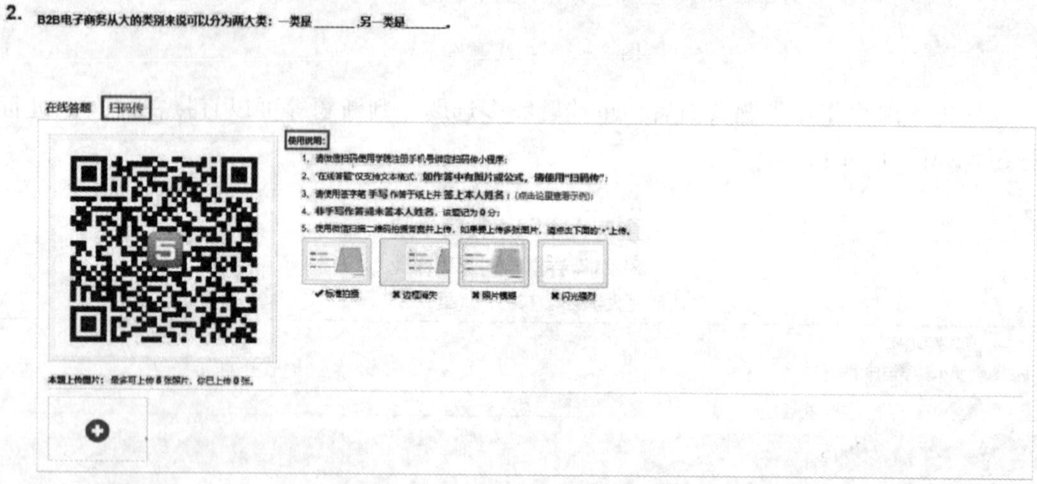

图 3－6　在线作业（三）

（5）作业未完成时可点击“保存”，保存当前作业，作业完成后可点击“交卷”提交作业，如图 3－7 所示。

重要提示： 课程作业客观题由系统自动批阅，提交后即可查看成绩；课程作业主观题由教师统一批阅，原则上 48 小时后才能查看成绩，如遇节假日或其他特殊情况，批阅时间顺延。

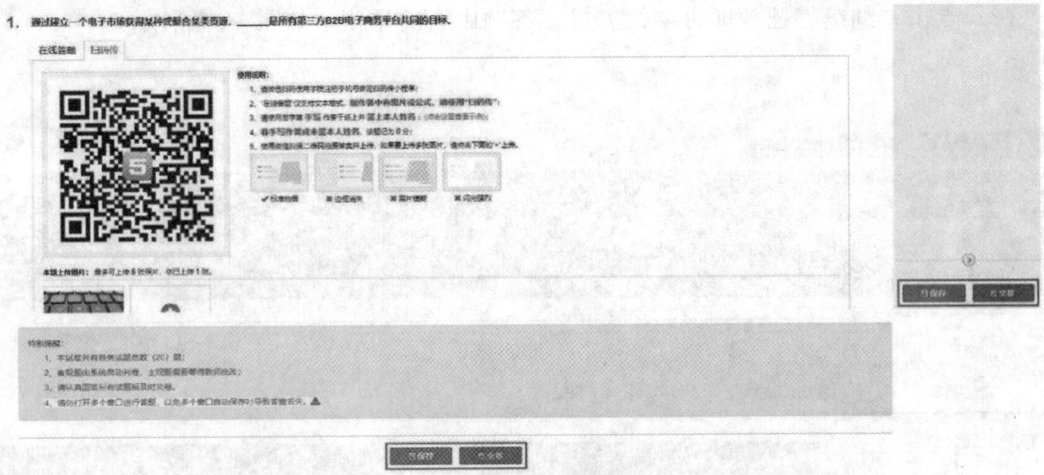

图 3－7　在线作业（四）

3. 如何查看课程作业状态

（1）进入“在线题库平台”页面后，在“我的作业”→“课程列表”中选择需要查看的课程，点击“查看作业”即可查看“已批改”的作业，如图 3－8 所示。

图 3－8　在线题库平台（一）

（2）点击“继续答题”即可继续完成“答题中”的作业，如图 3－9 所示。

图 3－9　在线题库平台（二）

（3）如果该次作业成绩低于 70 分可以重做一次，点击“申请重做”即可重新答题。作业提交后取两次成绩的最高分为最终成绩，如图 3－10 所示。

4. 如何查看课程作业成绩

（1）通过“在线题库平台”查看。

进入“在线题库平台”页面后，在“我的作业”→“课程列表”中选择需要查看成绩的课程即可查看该课程作业的得分，如图 3－11 所示。

（2）通过“平时成绩”查看。

在“在学课程”页面，点击“平时成绩”右边的分数即可查看该门课程三次作业的得分情况，如图 3－12 所示。

重要提示：当天取得的作业成绩在第二天凌晨更新。

图 3－10　在线题库平台（三）

图 3－11　在线题库平台（四）

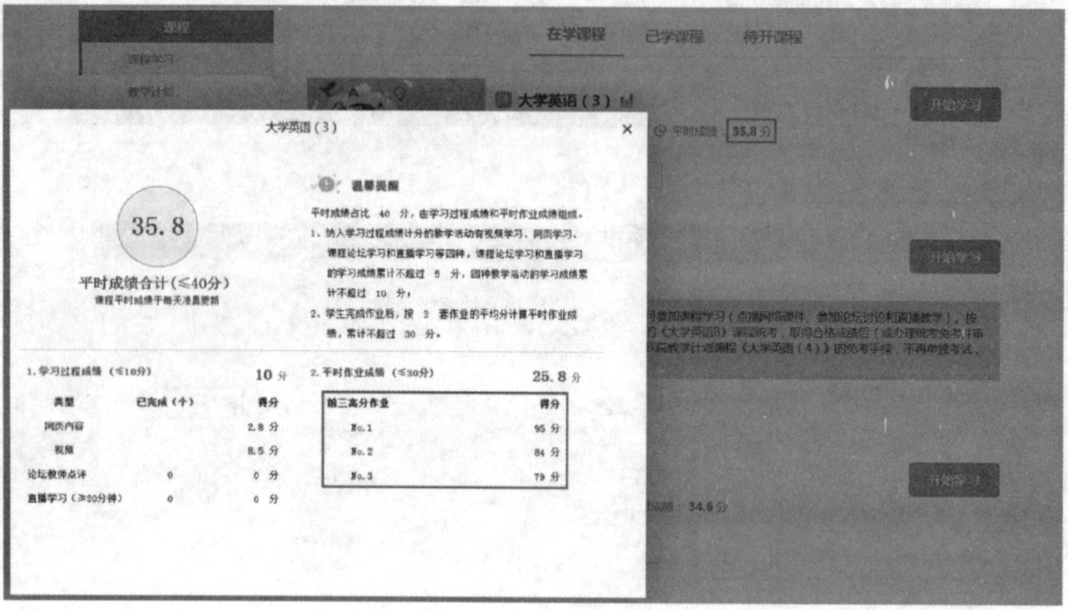
课程
在学课程
已学课程
待开课程
大学英语（3）
平时成绩：35.8 分
开始学习
开始学习
开始学习
大学英语（3）
×
35.8
平时成绩合计(≤40分)
课程平时成绩于每天凌晨更新
温馨提醒
平时成绩占比 40 分，由学习过程成绩和平时作业成绩组成。
1、纳入学习过程成绩计分的教学活动有视频学习、网页学习、课程论坛学习和直播学习等四种，课程论坛学习和直播学习的学习成绩累计不超过 5 分，四种教学活动的学习成绩累计不超过 10 分；
2、学生完成作业后，按 3 套作业的平均分计算平时作业成绩，累计不超过 30 分。
1. 学习过程成绩（≤10分）
10 分
类型
已完成（个）
得分
网页内容
2.8 分
视频
8.5 分
论坛教师点评
0
0 分
直播学习（≥30分钟）
0
0 分
2. 平时作业成绩（≤30分）
25.8 分
前三高分作业
得分
No.1
95 分
No.2
84 分
No.3
79 分

图 3－12　平时成绩（五）

第 4 章　现场考试

4.1　考试说明

学院课程考试根据课程性质分为现场考试和网上考试，以下就现场考试进行几点说明：

（1）现场考试是采用集中开卷、闭卷笔试的形式。

（2）学生自课程开通之日起，学习过程成绩达到 5 分及以上，可在学院规定的时间预约考试课程，预约成功后才能参加现场考试。

（3）每一场考试只能预约一门课程，最多可以预约六门。

（4）具体考点以预约时的发布为准，根据属地原则，学生现场考试应选择所属学习中心考点参考。

（5）学院预约时间结束后不能取消预约，如预约后未参加考试，将在成绩中标注“缺考”，“缺考”“不及格”课程须重新预约考试。

（6）课程考试不合格（含缺考），可以补考两次，补考不合格，须进行课程重修。重修课程须缴纳相应学分学费。

（7）每门课程成绩由学习过程成绩（10%）、作业成绩（30%）、考试卷面成绩（60%）三项成绩按比例合成，满分为 100 分，及格为 60 分。课程及格后可取得该门课程学分，课程学分在当次考试成绩复查工作结束后，由学院统一更新。

4.2　时间安排

根据学院的统一安排，学院每年组织两次现场考试，分别在 5 月、11 月其中的一个周末，预约时间为考试前 45 天左右，具体时间以学院通知为准。

考试场次时间安排见表 4－1 所列。

表 4－1　考试时间安排

考试时间	周六	周日
9：00—10：00	第 1 场	第 5 场
11：00—12：00	第 2 场	第 6 场
14：00—15：00	第 3 场	
16：00—17：00	第 4 场	

4.3　预约考试

现场考试需要在学院规定的时间内进入考试平台，完成考试预约后才能参加现场考试。考试预约结束后，学院相关部门根据预约数据准备试卷、安排考场和监考老师。

重要提示：电脑端应在 Google Chrome 浏览器的环境下操作。

1. 预约考试课程

第 1 步：登录学院主页，点击“进入教室”→“考试”→“预约考试”，如图 4－1 所示。

图 4－1　网络教室主页

系统默认学生预约所在的学习中心考点，如出差、工作地点变更等原因，学生无法参加所属学习中心组织的现场考试，可在考试预约期间，点击“报考考点”后面的图标自行预约就近考点，但需对方考点审核，审核通过后可至该考点参加考试，如图 4－2、图 4－3 所示。若对方考点拒绝，须重新选填其他考点，考试预约结束前一天不能再次申请转考。

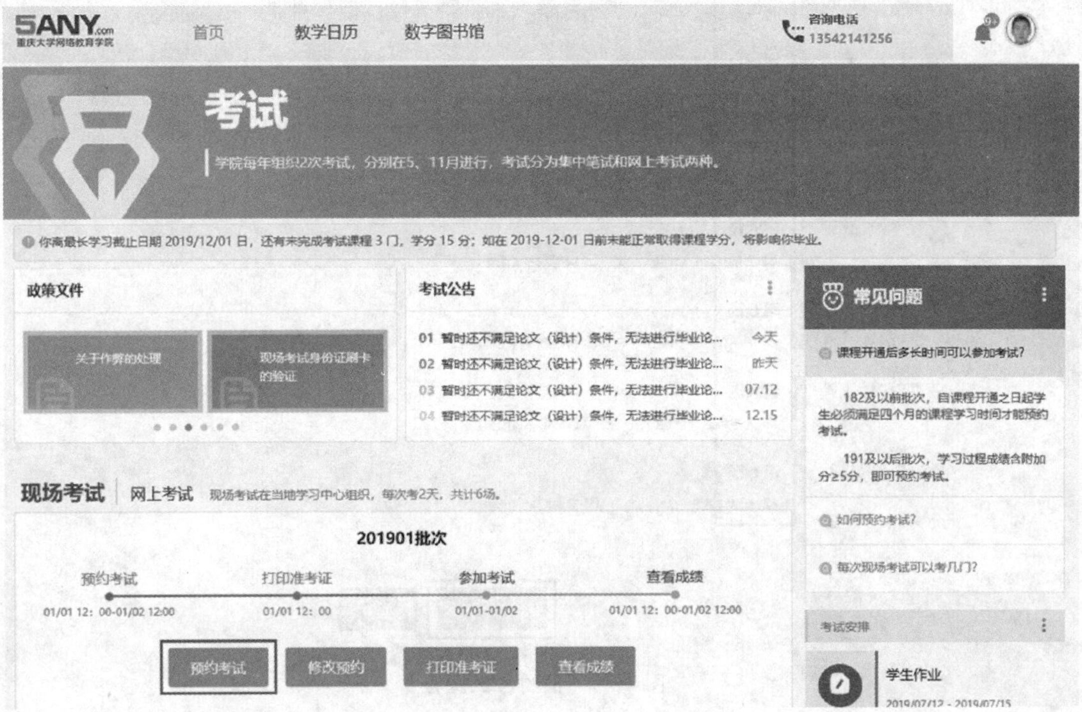

图 4－2　考试主页

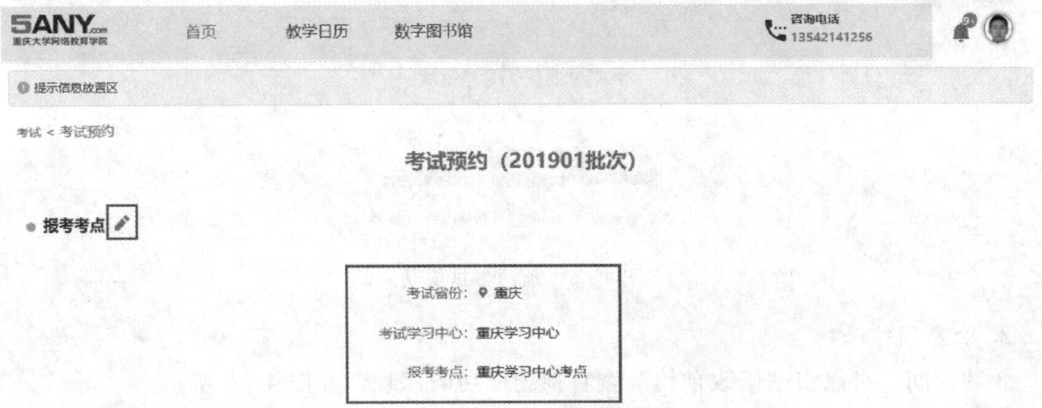

图 4－3　选择考点

第 2 步：每一场考试只能选定一门参考课程，勾选考试课程后，点击“预约考试”提交，完成预约，如图 4－4、图 4－5 所示。

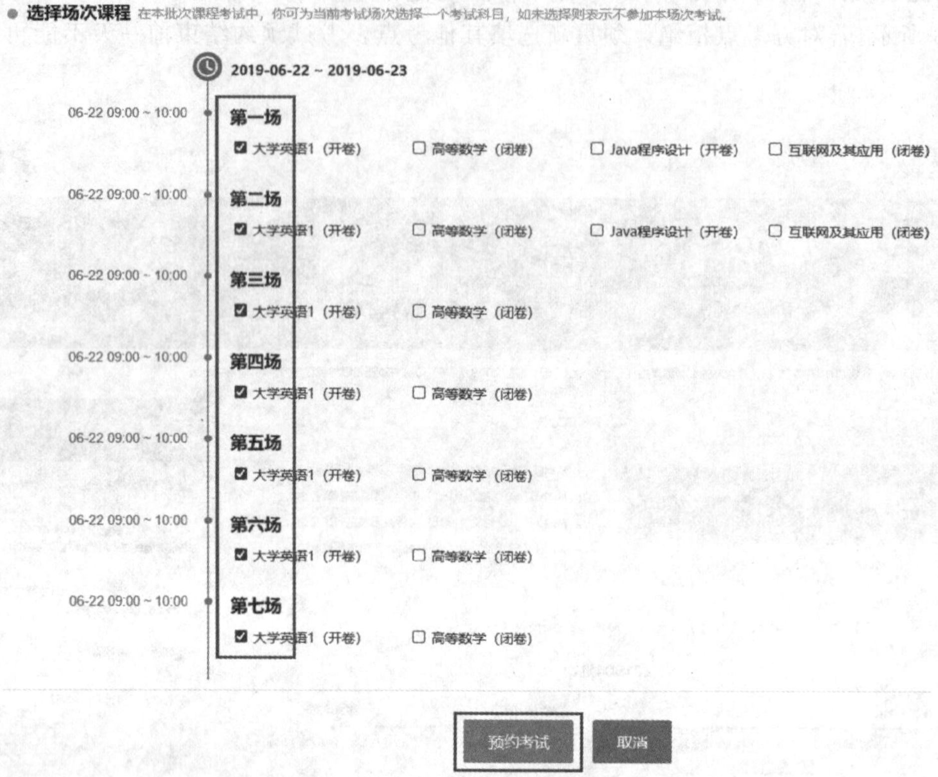

图 4－4　预约考试课程

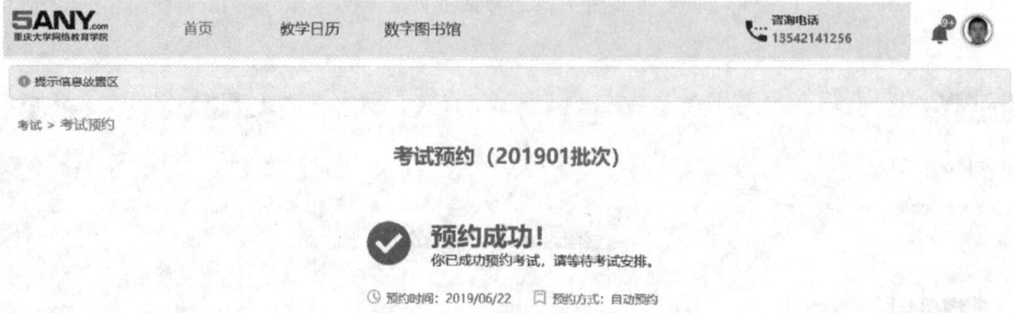

图 4－5　预约考试成功

2. 检查预约课程

预约期间，可点击“修改预约”查看预约成功的课程，如图 4－6 所示。

3. 调整预约课程

对已预约成功的课程进行调整，可点击“修改预约”，进入考试预约界面重新勾选要预约的课程，点击“提交修改”即可完成修改，如图 4－7 所示。

重要提示：必须在考试预约期间内进行调整。

图 4－6　考试主页

图 4－7　预约考试课程

4.4 考前准备

现场考试需要同学们提前预约、提前查询考试地点，在规定的时间、地点带上准考证和身份证参加学院组织的课程考试。

1. 考前准备事项

(1) 了解考试时间、地点、教室号、座位号

考试预约结束 15 天后，可以打印“准考证”，方便考试时及时、顺利地找到教室、座位。

(2) 考试前检查考生身份

考试时考生必须携带身份证原件，经“现场刷居民身份证原件＋现场人脸识别”的方式通过身份验证后可入场考试，系统自动记录学生的验证信息。未经身份验证或身份验证未通过的学生不得参加考试，若未经身份验证或身份验证未通过者违规参加考试，成绩一律无效。请同学们切勿忘记携带身份证。

(3) 考试前准备好用具

现场考试采用笔试，考生必须携带 2B 铅笔、橡皮擦、签字笔参加考试，考试客观题采用填涂卡的形式答题，考试时不能使用手机等电子设备。

(4) 掌握好考试时间

考试开考 30 分钟后，考生无法进入教室参加考试，请准时到场。

2. 准考证下载

考试预约结束 15 天后，登录学院主页，点击“进入教室”→“考试”→“打印准考证”下载、打印准考证，还可查看考试课程、时间、教室号、座位号等信息，如图 4－8、图 4－9 所示。

图 4－8 考试主页

图 4－9　打印准考证

4.5　成绩查询

课程成绩一般在考试结束一个月后发布，学生可登录网络教室查询课程成绩，如对成绩有异议可以申请成绩复查。

1. 成绩查询

登录学院主页，点击“进入教室→快捷通道→历次考试成绩查询”查看对应考试批次成绩，如图 4－10 所示。

2. 成绩复查

若对成绩有异议可在成绩复查规定的时间内申请复查，登录学院主页，点击“下载中心→常用表格”下载“成绩复查申请表”，填写后以电子邮件方式申请复查。请发送至学院考务邮箱：kw@5any.com，逾期申请或电话查询均不予受理。学院将申请表汇总后进行统一查卷，并及时告知复查结果。

图 4－10　历次考试成绩查询

第 5 章 网上考试

5.1 参加网上考试

根据学院各专业教学计划的安排，部分课程参加学院组织的网上考试。学院一年组织两次网上考试，分别在上半年和下半年，学生可以在开通期间完成网上考试。

1. 软硬件要求

(1) 硬件要求

① 台式电脑或者笔记本电脑。

② 外置摄像头或者笔记本内置摄像头。

(2) 软件要求

① 电脑操作系统：Windows 系统（MacOS 系统不支持网上考试）。

② 下载并安装指定的考试客户端软件。

2. 网上考试规则

(1) 网上考试须提前安装考试客户端并准备好摄像头，通过摄像头和人脸识别系统进行身份验证后才能进行考试。

(2) 学习过程成绩必须取得 5 分及以上，且完成三套作业后，才能参加网上考试。

(3) 参加网上考试时，须先自行选择本次要考试的课程。

(4) 考试全过程将实时监控，考试时遮挡摄像头或采用其他手段导致无法获取考生参考过程图像者，成绩无效。

(5) 考试过程中如遇计算机硬件、网络故障等原因意外中断考试时，及时恢复后可继续参加考试。在考试时长内恢复考试者，试卷为同一套试题，可继续答题；超过考试时长恢复考试者，可选择重启另一套试题，重新计算考试时长，且仅有一次重新答题机会。

(6) 网上考试最多考 12 门，网上考试一旦提交后不能申请重做，若本次考试不合格只能下次再考。

(7) 考试计时开始，超过 20 分钟后才能交卷。

(8) 每门课程成绩由学习过程成绩（10%）、作业成绩（30%）、考试卷面成绩（60%）三项成绩按比例合成，满分为 100 分，及格为 60 分，课程及格后取得该门课程学分，课程学分在当次考试成绩复查工作结束后，由学院统一更新。

重要提示： 网上考试不合格，可以补考两次，补考不合格，须进行课程重修。重修课程须缴纳相应学分学费。

3. 人脸识别注意事项

人脸识别时，请摘掉口罩、眼镜、帽子，不能遮挡头像。如果是女生，发型需注意照片和真人发型是否一致（比如刘海）。

人脸识别时，光线一定要充足，如果光线过暗或者侧面光造成“阴阳脸”，会影响人脸识别。

人脸识别时，摄像头应平视对准本人，如果摄像头俯视、斜视、仰视，会缩短或者拉长脸型，影响人脸识别。

人脸识别时，整个头像一定要放入识别框内。

由于照片的变化，导致人脸无法识别，可先上传本人近期标准照片后，再次进行人脸识别。

5.2 成绩查询

课程成绩一般在考试结束一个月后发布，学生可登录网络教室查询课程成绩，如对成绩有异议可以申请成绩复查。

1. 成绩查询

登录学院主页，点击“进入教室→快捷通道→历次考试成绩查询”查看对应考试批次成绩，如图5-1所示。

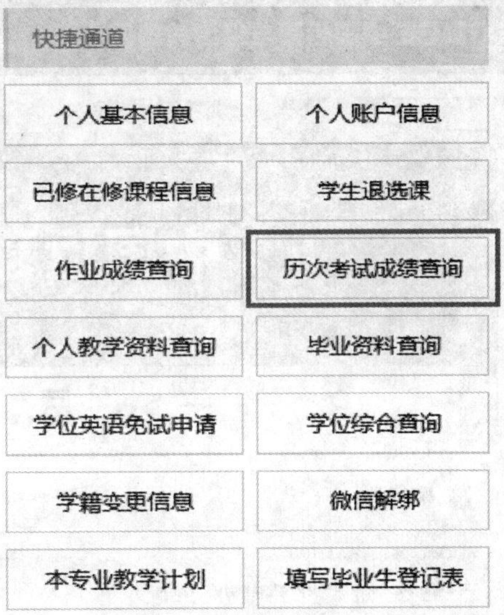

图5-1 历次考试成绩查询

2. 成绩复查

若对成绩有异议可在成绩复查规定的时间内申请复查，登录学院主页，点击“下载中心→常用表格”下载“成绩复查申请表”，填写后以电子邮件方式申请复查。请发送至学院考务邮箱：kw@5any.com，逾期申请或电话查询均不予受理。学院将申请表汇总后进行统一查卷，并及时告知复查结果。

第6章 统考课程

6.1 统考简介

“统考”是指教育部对现代远程教育试点高校网络学历教育部分公共基础课实施的全国统一考试（以下简称“统考”），所有统考科目成绩合格将作为取得教育部高等教育学历证书电子注册资格的条件之一，统考是专科起点本科学生毕业的必要条件之一。

“统考”由全国高校网络教育考试委员会（以下简称“网考委”）组织。

1. 报考网站

中国远程与继续教育网（http：//cdce. moe. edu. cn），如图 6-1 所示。

图 6-1 中国远程与继续教育网

2. 统考对象

学籍有效期内的专科起点本科学生。

3. 统考科目

统考科目是“大学英语 B”和“计算机应用基础”。

4. 时间安排

统考每年组织三次，一般分别安排在 4 月、9 月和 12 月（每年具体时间安排以网考委实际公布为准）。参加统考须提前 45 天左右报考，未报考不能参加，每门统考课程考试时间为 90 分钟。

5. 考试地点和形式

根据《教育部关于开展现代远程教育试点高校网络教育部分公共基础课全国统一考试试点工作的实施意见》（教高〔2004〕5 号）和网考委下发《试点高校网络教育部分公共基础课统一考试试点工作管理办法》（网考委〔2005〕1 号）等文件的要求，考试地点为网考委审核批准的全国各级广播电视大学考点，考试形式为现场闭卷上机考试。

6. 考试费用

根据《国家发展改革委、财政部关于试点高校网络教育全国统一考试收费标准等有关问题的通知》（发改价格〔2010〕955 号）文件规定，统考考试费用由网考委统一收取，收费标准为 35 元/人·科。

重要提示：

（1）报考过程（注册、报名、缴费、准考证下载）需由学生本人完成。

（2）报考过程请务必使用 Google Chrome 浏览器，否则将影响报考。

7. 考试纪律

根据《试点高校网络教育部分公共基础课统一考试试点工作管理办法》（网考委〔2005〕01 号）文件第七章“考试违纪处理”的第三十七条规定：

有考试违纪行为的考生，其相关科目的考试成绩无效；有考试作弊行为的考生，当次考试全部科目成绩无效，并视情节严重情况给予停考 1～3 年的处理。代替他人或由他人代替参加考试者，取消统考资格。网考办向有关单位通报考生违纪或作弊情况。

8. 学院课程与统考课程的关系

学院课程“大学英语（4）”与统考课程“大学英语 B”关联，学院课程“计算机应用基础”与统考课程“计算机应用基础”关联。统考课程“大学英语 B”和“计算机应用基础”的成绩合格或免考，学院课程“大学英语（4）”和“计算机应用基础”直接判定为考试通过，无须完成学习、作业和考试。

6.2　统考报考

中国远程与继续教育网（http：//cdce.moe.edu.cn）是进行统考报名的操作平台。平台为考生提供“考生考试信息”“考生网上报考”“考生网上缴费”“注册信息修改”等功能。

网考委规定学生报考过程（注册、报名、缴费、准考证下载）需由学生本人完成，报考时请务必使用 Google Chrome 浏览器，否则将影响报考。

考生统考报考操作流程如图 6-2 所示。

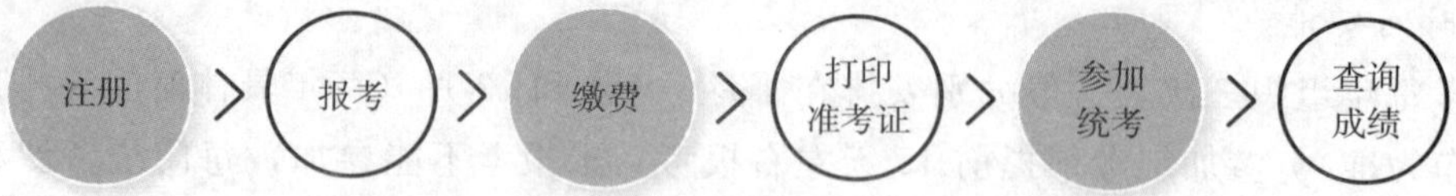

图 6-2　统考报考流程

1. 统考注册

(1) 注册

第 1 步：进入注册页面

登录中国远程与继续教育网（http：//cdce. moe. edu. cn），点击“统考报名”进入“欢迎登录考生个人信息管理系统”页面，点击“注册”，如图 6-3、图 6-4 所示。

图 6-3　中国远程与继续教育网

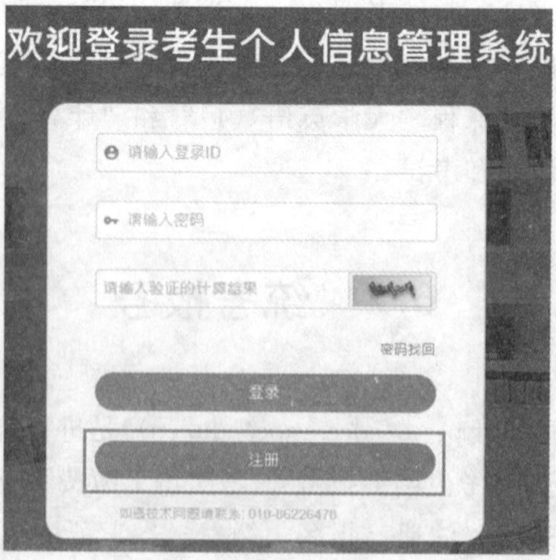

图 6-4　登录考生个人信息管理系统

第 2 步：填写关联信息

查看弹出提示内容后点击“已知晓”，然后填写关联信息，按提示选择考生所属网院，选择证件类别、输入证件号码、学号（W 必须大写），验证码（验证码如为计算题，输入正确答案），点击“下一步”，如图 6－5、图 6－6 所示。

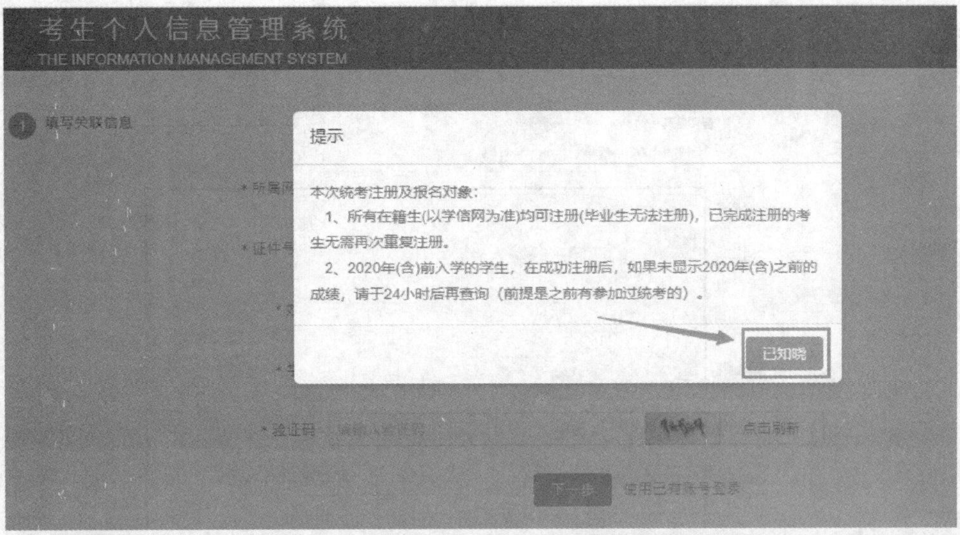

图 6－5　提示

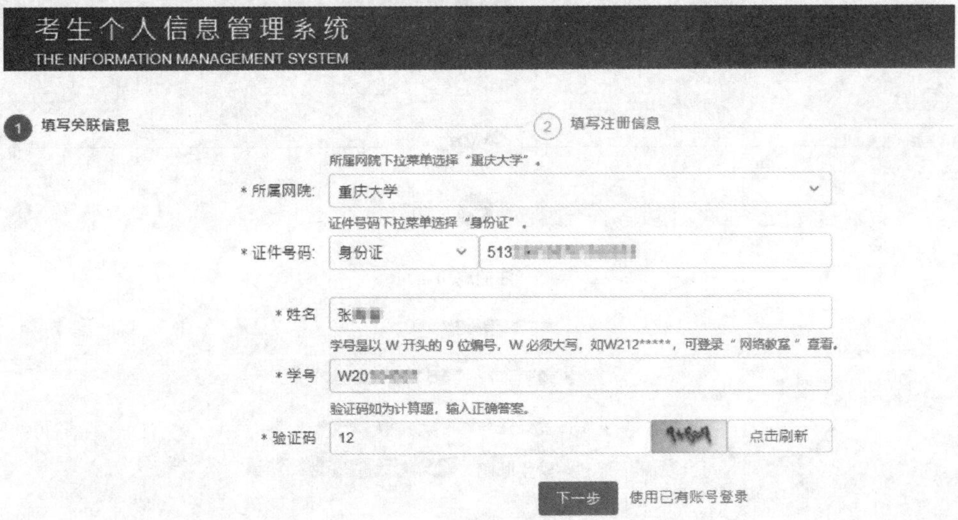

图 6－6　填写关联信息

第 3 步：填写注册信息

自行设置登录账号和密码，密码设置必须由字母、数字、特殊符号组成。注册必须用真实有效的手机号码，注册成功后须用手机认证。“常用邮箱”和“密保答案”可帮助找回“登录账号”和“登录密码”，须采用本人真实有效的邮箱。

填写完注册信息后点击“注册”完成注册，如图 6－7、图 6－8 所示。

图 6－7　考生个人信息管理系统

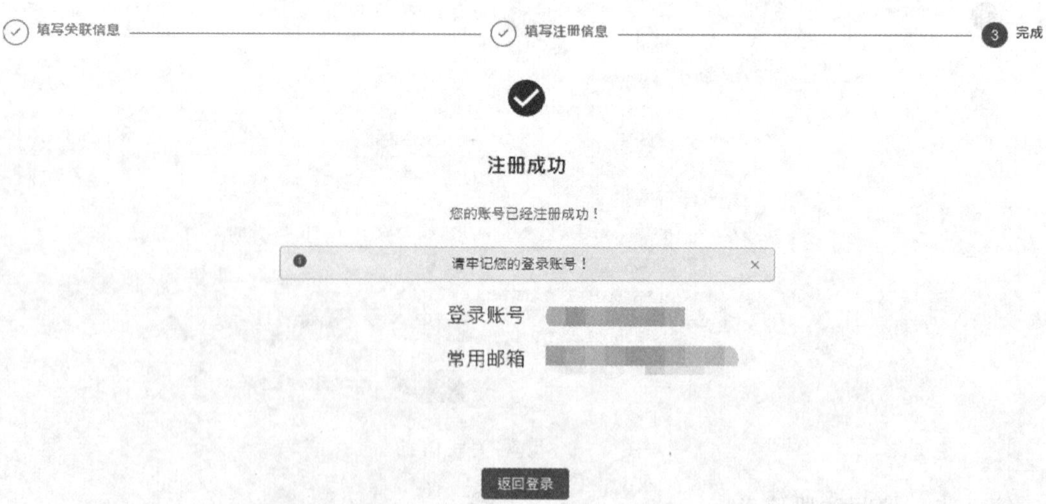

图 6－8　注册成功

重要提示：请牢记注册时填写的“登录账号”和“登录密码”。

（2）手机号码认证和基本信息核对

1）手机号码认证

完成注册后，及时登录中国远程与继续教育网（http：//cdce. moe. edu. cn），点击“统考报名”系统，输入“登录账号”“登录密码”和“验证码”，点击“登录”，如图 6－9、图 6－10 所示。

第一次登录“考生个人信息管理系统”后，系统弹出提示对话框，点击“去认证”。进入认证界面，点击“手机号认证”，进行安全验证，如图 6－11、图 6－12 所示。

图 6－9　中国远程与继续教育网

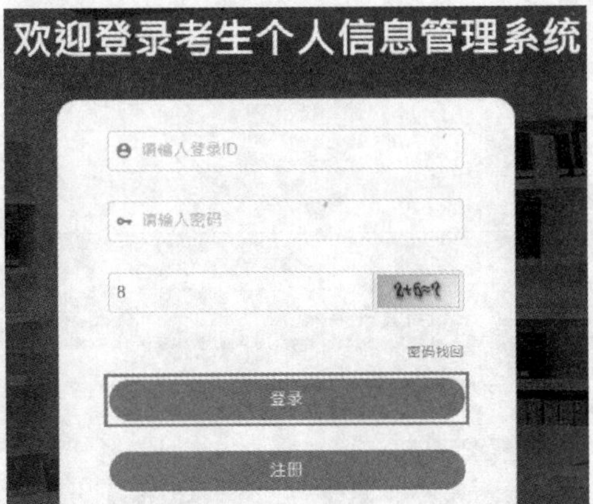

图 6－10　登录考生个人信息管理系统

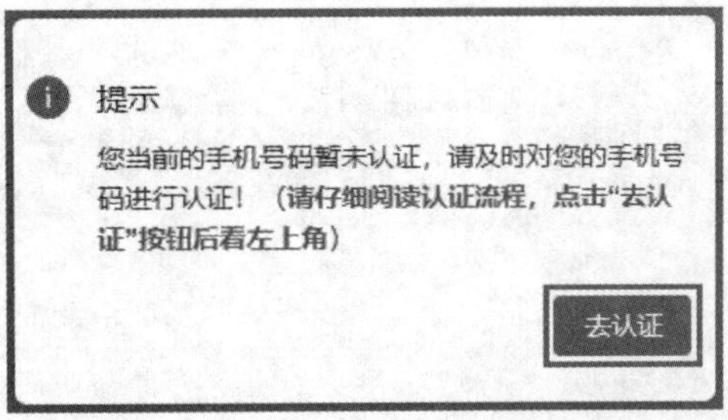

图 6－11　提示认证

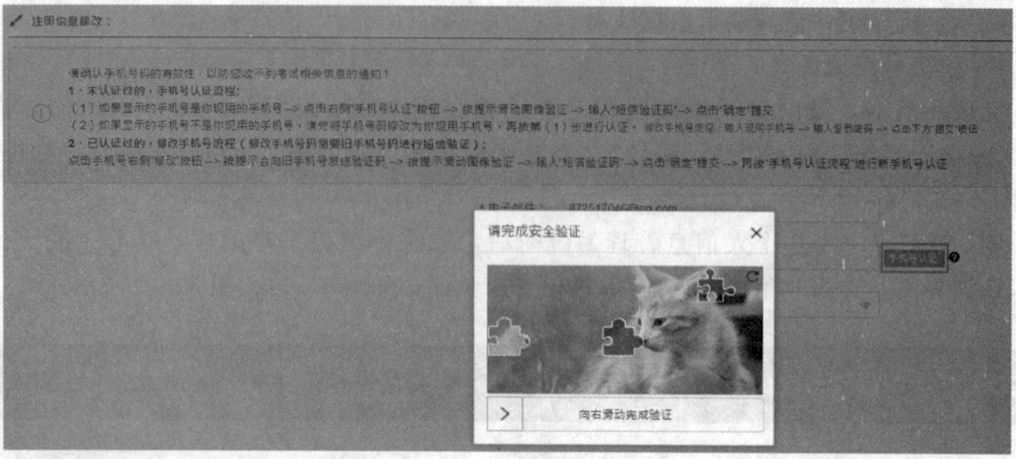

图 6 - 12　安全验证

输入手机短信收到的验证码，然后点击“确定”，如图 6 - 13 所示。

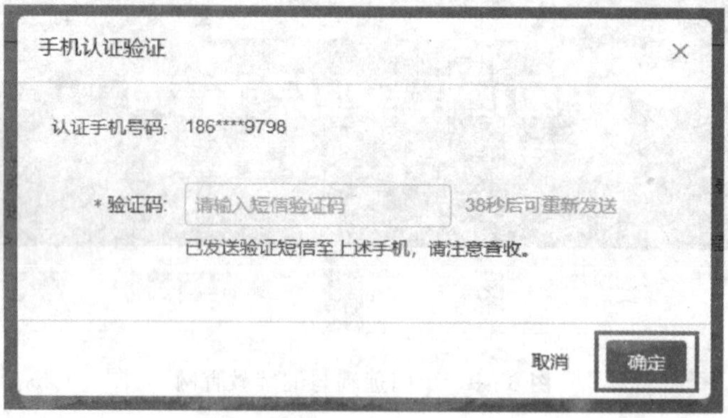

图 6 - 13　手机验证

完成手机验证后，系统自动返回初始认证界面，输入登录密码后点击“提交”，操作成功后点击“确定”，如图 6 - 14、图 6 - 15 所示。

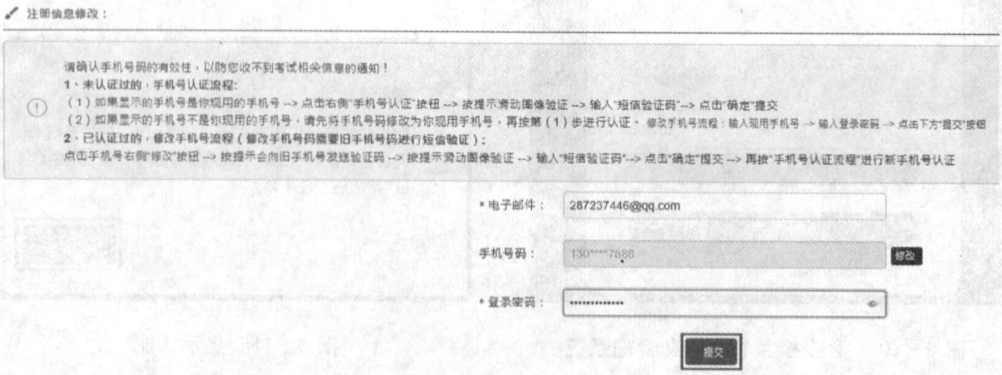

图 6 - 14　信息验证

图 6－15　成功

2）基本信息核对

进入“考生个人信息管理系统”，核对个人基本信息，核对路径为“考生考试信息→基本信息查看”。考生须检查基本信息是否正确、本人照片是否缺失等，如果发现基本信息（姓名、性别、民族、出生日期、证件号码）有误或者照片缺失，请及时联系所属学习中心老师修改，如图 6－16 所示。

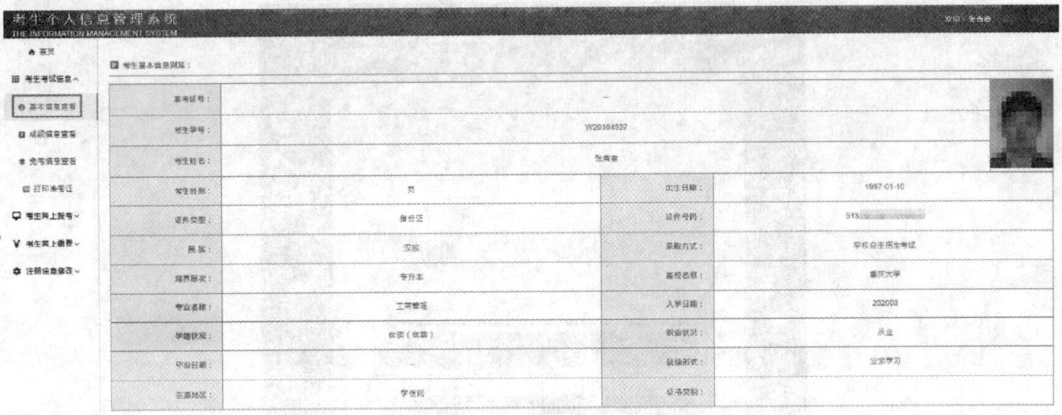

图 6－16　基本信息查看

2. 统考报名

网考委每年组织三次统考，一般分别安排在 4 月、9 月和 12 月（每年具体时间安排以网考委实际公布为准）。参加统考须提前 45 天左右报名，未报名不能参加。

统考报名流程如下：

第 1 步：登录

登录中国远程与继续教育网（http：//cdce. moe. edu. cn），点击“统考报名”，如图 6－17所示。随后进入“欢迎登录考生个人信息管理系统”界面，输入“登录账号”“登录密码”和“验证码”，点击“登录”进入“考生个人信息管理系统”页面，如图 6－18 所示。

图 6－17　中国远程与继续教育网

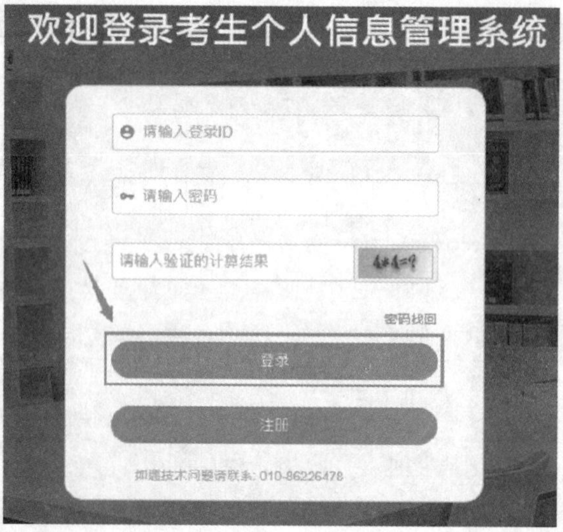

图 6－18　登录考生个人信息管理系统

第 2 步：阅读“考生必读”并核对个人基本信息

点击“考生网上报考”中的“考生个人报考”，请仔细阅读“考生必读”，阅读完毕勾选“已经完整阅读考生必读，接受并遵守有关规定”，然后点击“下一步”，如图 6－19 所示。

弹出个人基本信息，个人基本信息核对无误后勾选“确认个人信息准确无误”，然后点击“进入报考信息添加”，如图 6－20 所示。如果发现个人基本信息有误，及时联系所属学习中心老师修改，暂停报名。

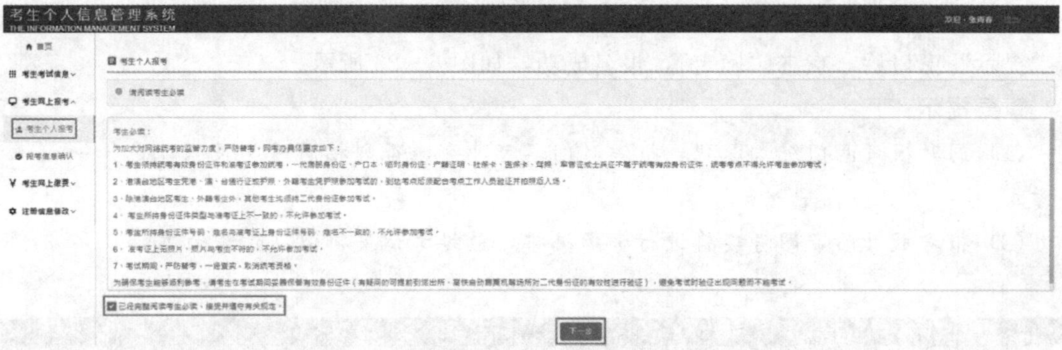

图 6 - 19　考生必读

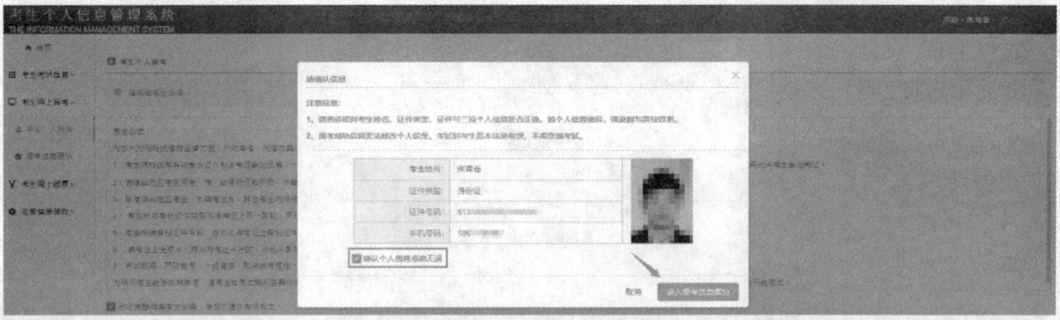

图 6 - 20　确认个人基本信息

第 3 步：选择报考省份、考点、科目、时间

点击“考生个人报考”，先选择报考省市，然后点击对应考点“报考”（灰色表示名额已满，不可报名），如图 6 - 21 所示。

图 6 - 21　考生个人报考

弹出“报考信息添加”界面，选择报考科目、时间，确认报考，如图 6 - 22 所示。弹出“提示”窗口后，点击“确定”，报名成功，如图 6 - 23 所示。

重要提示：

（1）同时报考两门统考课程，报考时间不可冲突，否则相同时间段只能选择一门课程参考。

（2）报考成功后，网考委将进行考场编排，最终考试安排以准考证为准。

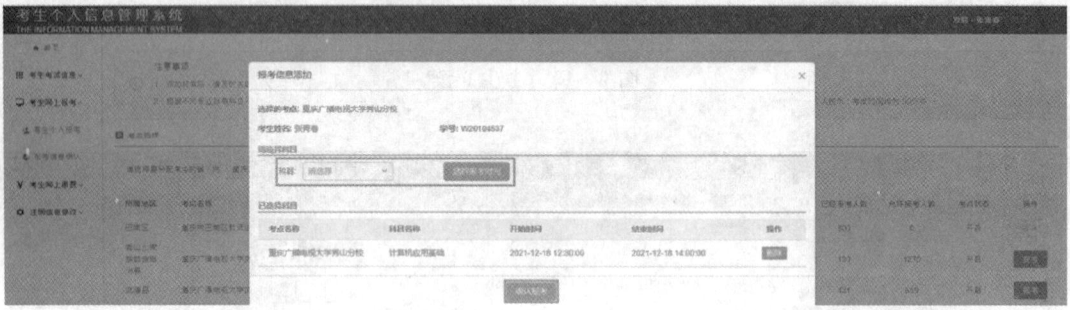

图 6 - 22　报考信息添加

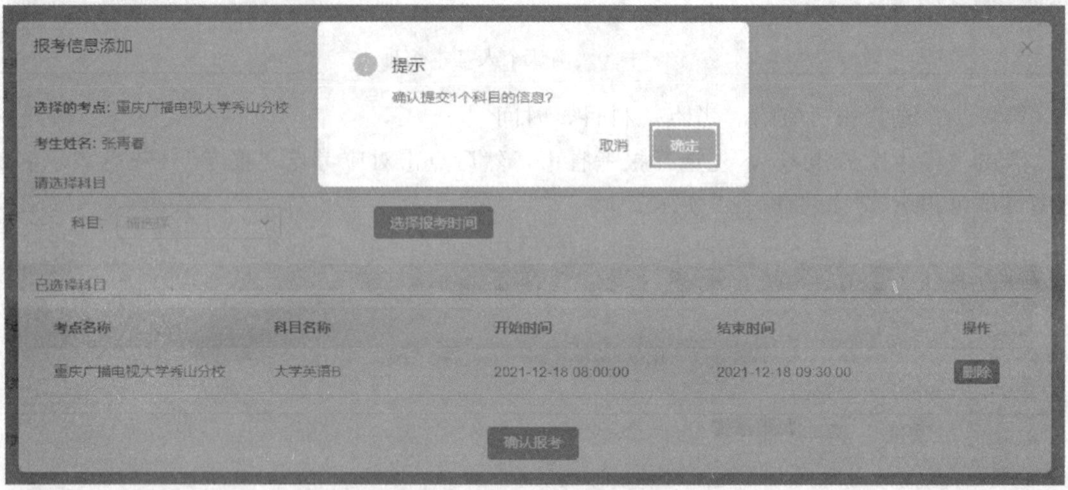

图 6 - 23　报考信息确认

3. 统考缴费

考生成功添加报考信息后须及时缴费，否则 30 分钟后将清空考生座位，须重新报考。统考缴费流程如下：

第 1 步：确认报名信息

报考信息添加成功后，系统会自动跳转到“考生网上报考→报考信息确认”界面，核对报考信息无误后，勾选缴费科目，点击“去缴费”，再点击“确定”，如图 6 - 24、图 6 - 25 所示。

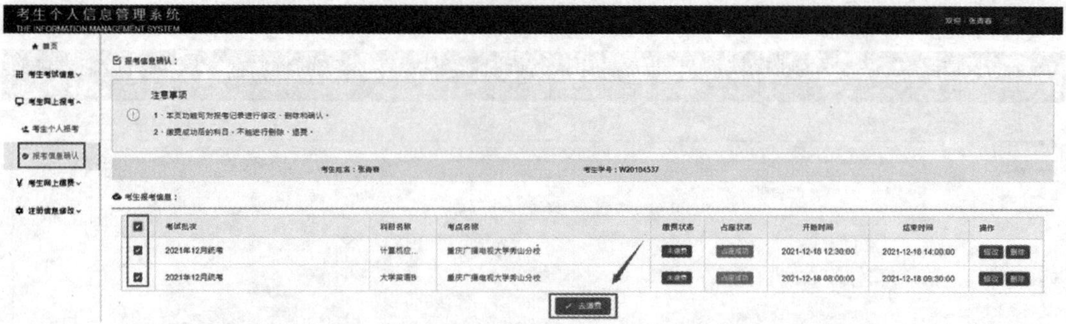

图 6 - 24　报考信息确认

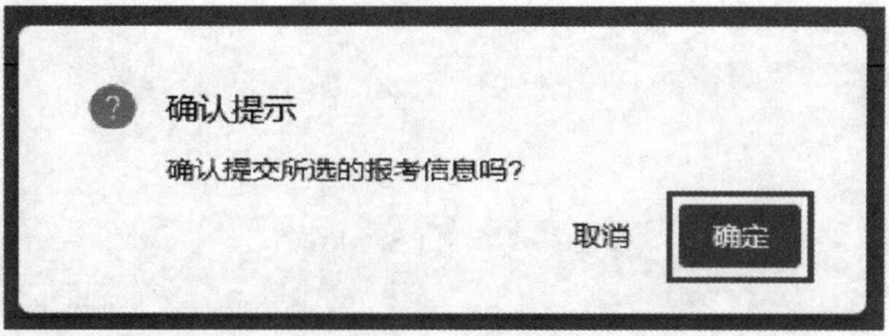

图 6 - 25　报考信息确认

由于个人原因需修改或删除报考信息，可点击“修改”或“删除”，重新进行报考。

第 2 步：缴费

报考科目确认后，系统自动跳转到“考生网上缴费→考生个人缴费”界面，点击“缴费”，如图 6 - 26 所示。

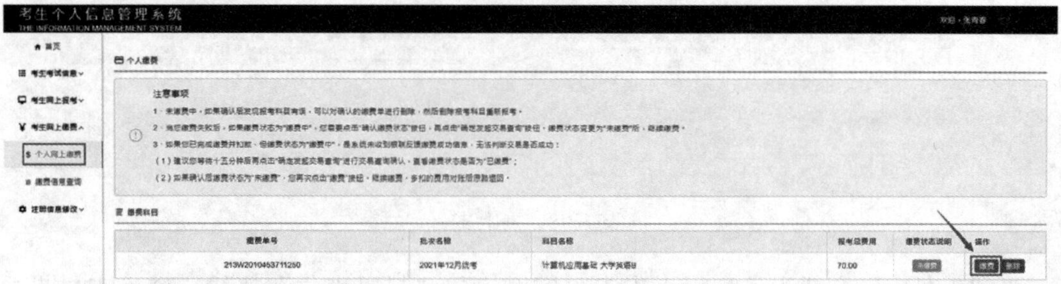

图 6 - 26　考生网上缴费

再次进入“网上缴费协议”页面，点击“同意”生成缴费单号，如图 6－27 所示。

进入网上支付页面，根据提示可选择“云闪付”“网银”“支付宝或微信”完成缴费，如图 6－28 所示。

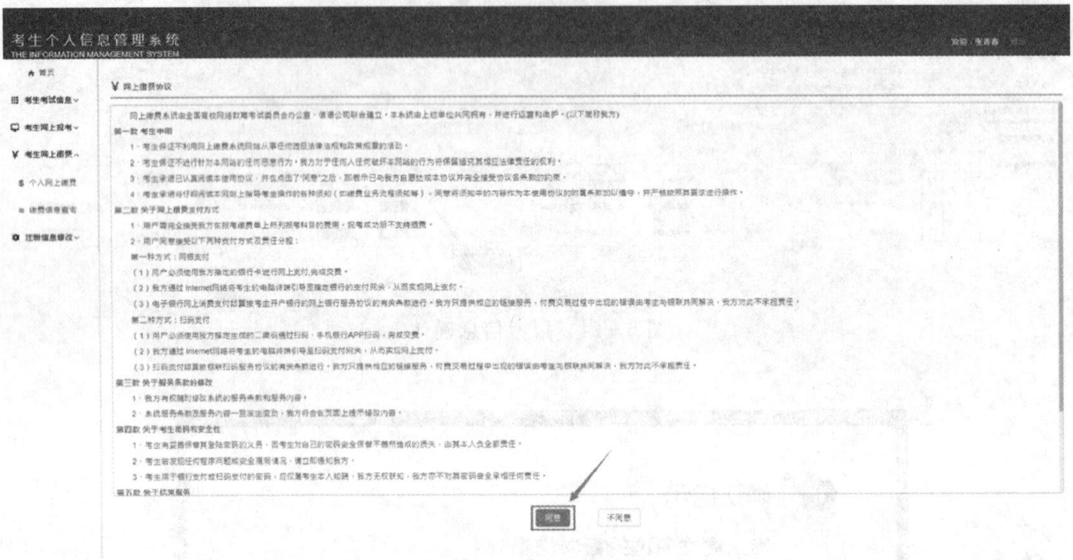

图 6－27　网上缴费协议

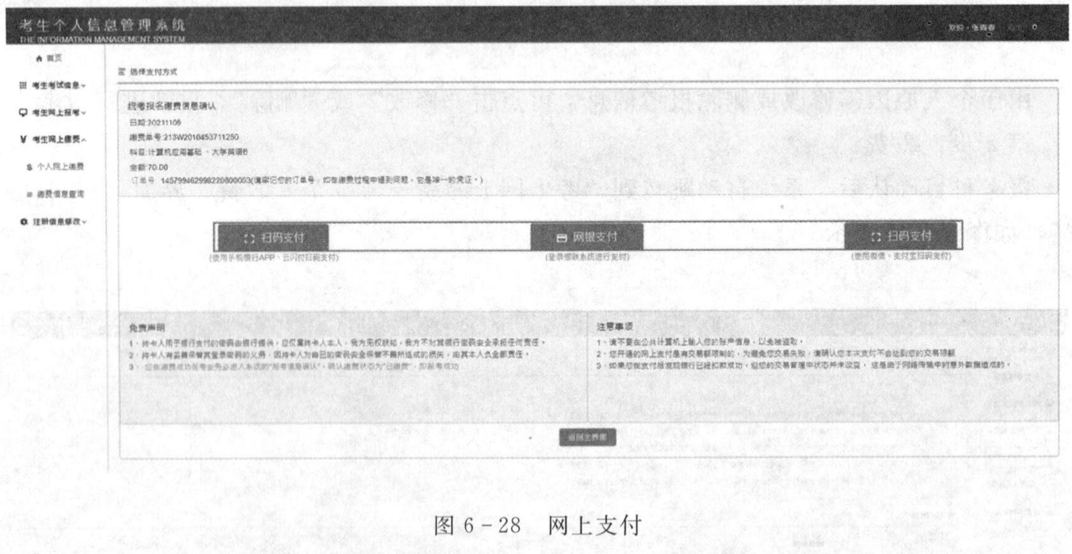

图 6－28　网上支付

以“支付宝”缴费为例，先点击支付宝对应的“扫码支付”按钮，进入支付界面，选择“支付宝”，使用手机支付宝扫描缴费二维码，进行支付，如图 6－29、图 6－30 所示。

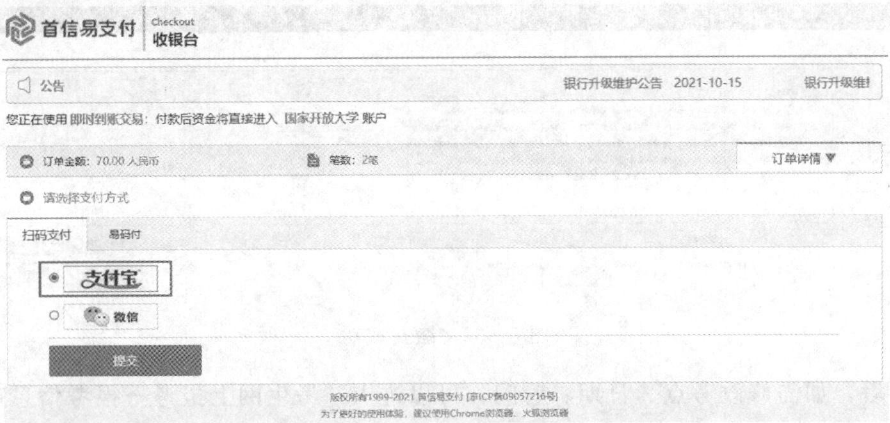

图 6－29　支付宝支付

图 6－30　支付宝支付

第 3 步：缴费确认

完成缴费后，系统弹出提示，点击“缴费成功”，系统状态更新为“已缴费”，如图 6－31、图 6－32 所示。

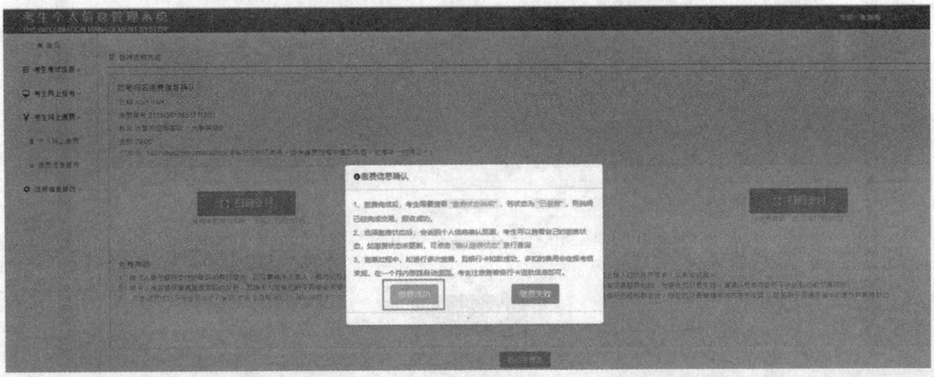

图 6－31　缴费信息确认

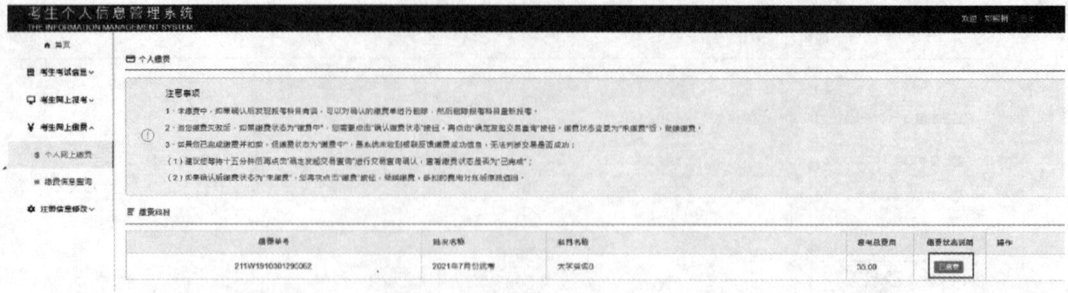

图 6－32　缴费成功

缴费后，如需修改考点、日期、时间，可以进入“考生网上报考→报考信息确认”界面，点击“修改”，如图 6－33 所示。

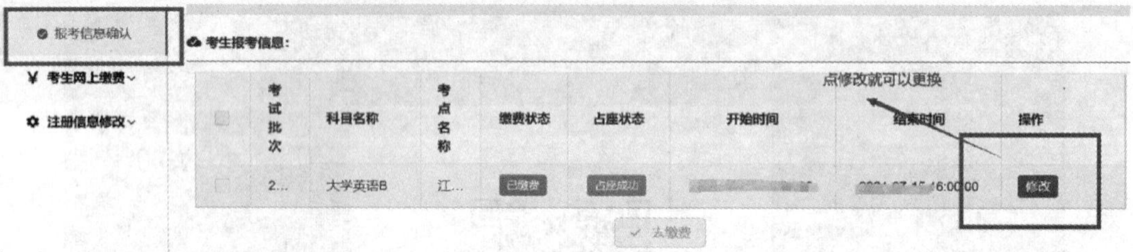

图 6－33　缴费后修改

弹出“报考信息修改”界面。选择需修改的科目后，再选择当前可报考省份、考点、时间，点击“确认提交”即可，如图 6－34 所示。

图 6－34　报考信息修改

6.3　参加统考

报考成功后，考生在规定时间内打印准考证，按照准考证上的指引带上相关证件参加考试。

1. 打印准考证

准考证通常在考前15天左右发布，考生须在规定的时间内登录中国远程与继续教育网（http：//cdce.moe.edu.cn），选择“考生考试信息”点击“打印准考证”，仔细阅读“考生须知”后勾选“已确认”，点击“下一步”进入打印准考证页面，如图6－35所示。

网考委会根据实际报考总人数调整和编排考场、考试日期和时间，请务必以准考证上的安排为准参加统考。

图6－35　打印准考证

2. 参加考试

请严格遵守考试纪律，携带下列资料参加统考：

（1）身份证原件（身份证消磁无法进入考场）。

（2）准考证。

（3）口罩。

（4）根据全国各地考点的疫情防控要求准备相关证明材料。

6.4　统考成绩查询

统考成绩通常于考试结束后40天左右发布。网考委发布成绩后，考生可登录中国远程与继续教育网进行查询。如考生对成绩有异议，可联系所属学习中心申请成绩复查。

1. 成绩查询

登录中国远程与继续教育网（http：//cdce.moe.edu.cn），点击“统考报名”，进入

“欢迎登录考生个人信息管理系统”界面，输入“登录账号”“登录密码”和“验证码”，点击“登录”进入“考生个人信息管理系统”，如图 6－36 至图 6－38 所示。

图 6－36　中国远程与继续教育网

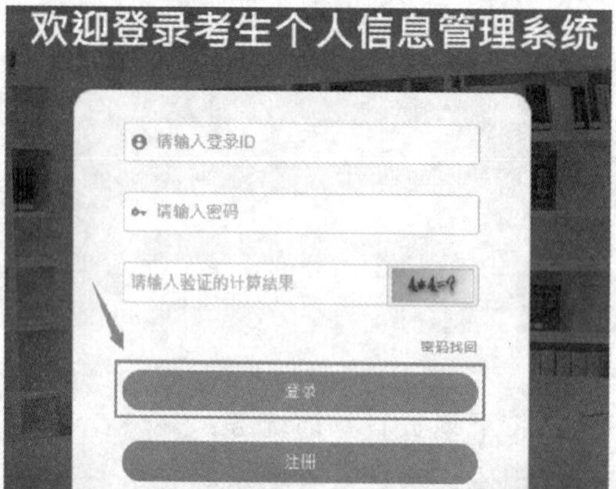

图 6－37　登录考生个人信息管理系统

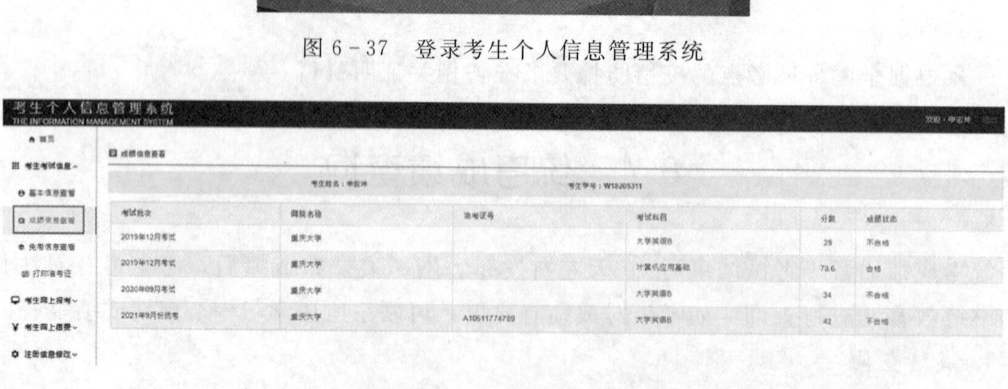

图 6－38　考生个人信息管理系统

选择“考生考试信息”点击“成绩信息查看”查询统考成绩。待统考成绩复查结束后，考生也可登录学院主页（www. 5any. com），点击“进入教室”→“统考”查询统考成绩如图 6－39、图 6－40 所示。

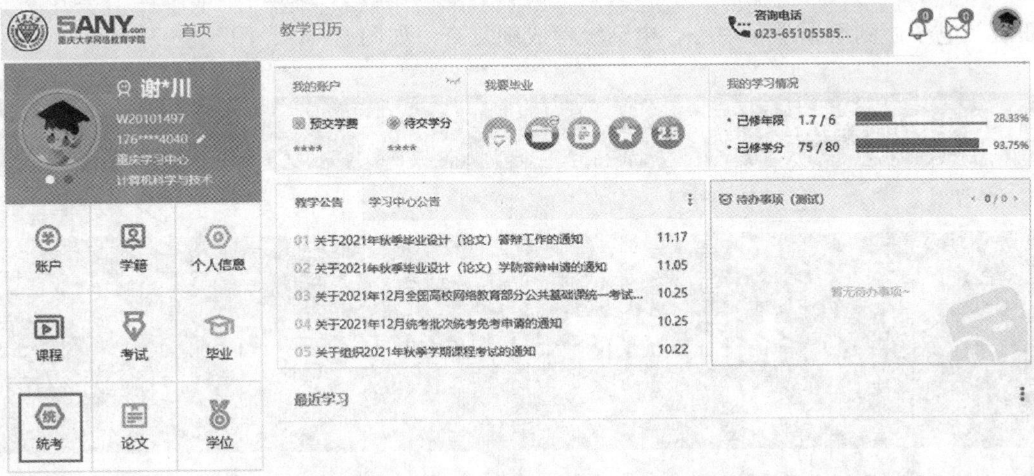

图 6－39　网络教室主页

图 6－40　学院统考主页

2. 成绩复查

统考成绩发布后一周内可申请成绩复查，登录中国远程与继续教育网（http：//cdce. moe. edu. cn），点击网站顶部的“统考信息”查看“考试公告”发布的成绩复查通知，按网考委要求提交考生本人的“成绩复查申请表”“身份证正、反面”“准考证”三类材料的纸质版及电子版到所属学习中心，申请统考成绩复查，如图 6－41、图 6－42 所示。

图 6－41　中国远程与继续教育网

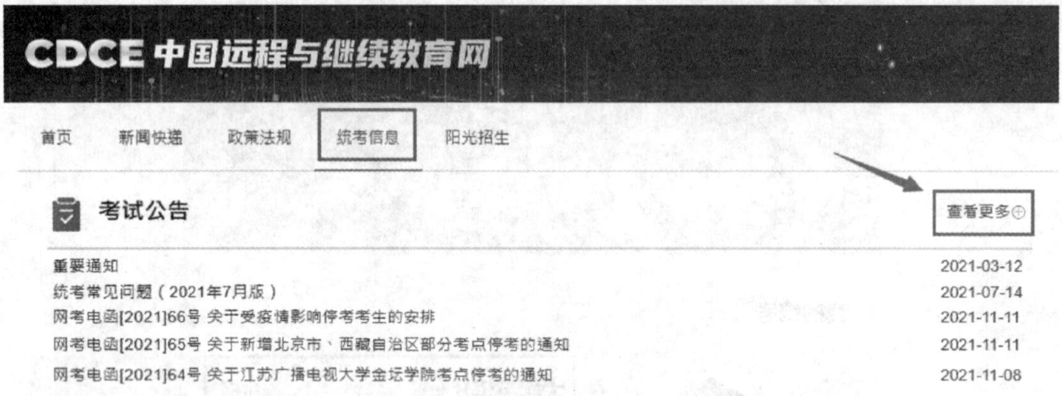

图 6－42　统考信息

成绩复查结果待网考委回复后由所属学习中心统一回复考生。

6.5　统考免考

根据《教育部关于开展现代远程教育试点高校网络教育部分公共基础课全国统一考试试点工作的实施意见》（教高〔2004〕5 号文）规定，专科起点本科和专科起点本科 *

（本科及以上学历）的学生符合统考免考条件者可申请免考相应统考课程，需要申请办理统考免考的同学请联系所属学习中心。

1. 免考申请条件

（1）免考“计算机应用基础”

① 已具有国民教育系列本科及以上学历。

② 非计算机类专业，获得全国计算机等级考试一级 B 或以上级别证书。

③ 已参加统考且成绩合格。

（2）免考“大学英语 B”

① 已具有国民教育系列本科及以上学历。

② 非英语专业，入学注册时年龄满 40 周岁（以身份证上的出生日期为准）。

③ 非英语专业，户籍（以身份证为准）在界定范围内的少数民族聚居地区的少数民族学生。

④ 非英语专业，获得全国公共英语等级考试（PETS）三级或以上级别证书。

⑤ 非英语专业，获得省级教育行政部门组织的成人教育学位英语考试合格证书。

⑥ 非英语专业，参加改革后的全国大学英语四、六级考试，成绩达到 420 分或者取得全国大学英语四级或以上证书（2006 年 1 月 1 日前）。

⑦ 已参加统考且成绩合格。

2. 免考申请流程

免考申请流程如图 6－43 所示。

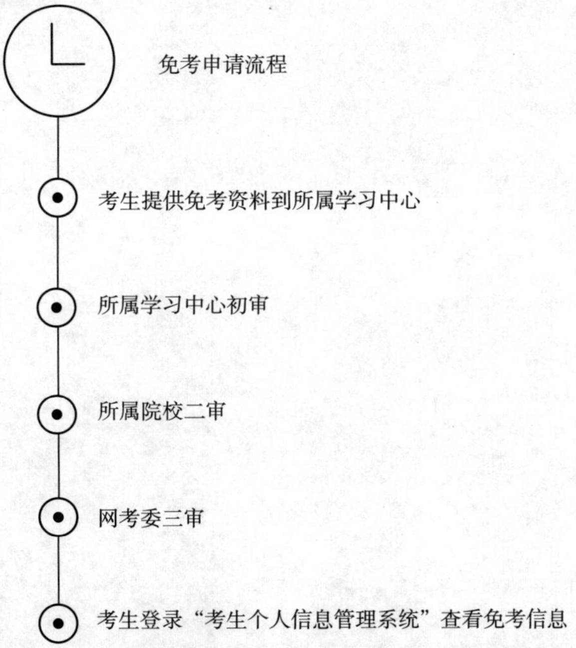

图 6－43 免考申请流程

3. 免考信息查看

申请免考后，务必及时登录中国远程与继续教育网（http：//cdce. moe. edu. cn）完成注册，如已完成注册的学生无须重复注册。未及时注册，将影响其免考信息的报送。

提交免考申请待网考委三审通过后，免考结果将和相应统考批次的考试成绩一起发布。考生可登录中国远程与继续教育网（http：//cdce. moe. edu. cn），点击“考生考试信息→免考信息查看”查询统考免考结果，如图 6 - 44 所示。

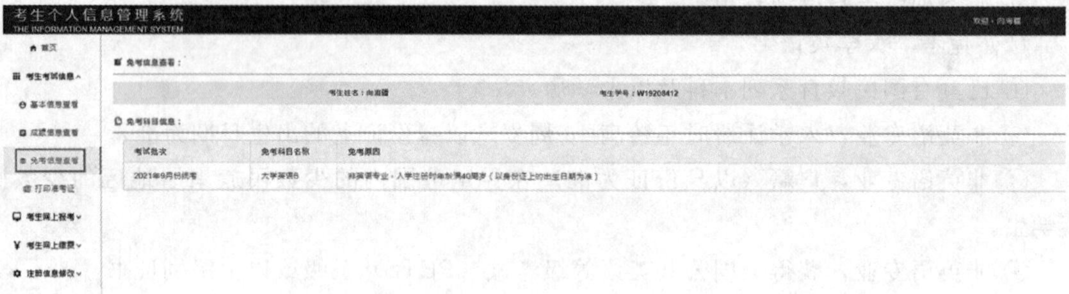

图 6 - 44　免考信息查看

第7章 毕业论文

7.1 毕业设计（论文）简介

本科在籍学生修满49及以上学分且学习时间达1.5年及以上者，在规定时间进入网络教室“论文”平台参加毕业设计（论文）写作，全年分春、秋两次。

1. 毕业设计（论文）分类

完成毕业论文的专业：工程管理、工程造价、房地产经营与管理、工商管理、市场营销、会计学、公共事业管理。

完成毕业设计的专业：土木工程、采矿工程、安全工程、机械设计制造及其自动化、电气工程及其自动化、计算机科学与技术、车辆工程。

2. 毕业设计（论文）成绩构成

毕业设计（论文）成绩由毕业设计（论文）终稿成绩、交叉评阅成绩和平时成绩三部分组成，其比例分别为50%、40%和10%。

平时成绩（10分）由三部分构成，见表7－1所列。

表7－1 平时成绩构成

<table>
<tr><th colspan="6">毕业设计（论文）平时成绩组成</th></tr>
<tr><th rowspan="2">文档阶段</th><th rowspan="2">文档按时通过</th><th colspan="3">文档通过质量</th><th rowspan="2">指导教师考核</th></tr>
<tr><th>一稿通过</th><th>二稿通过</th><th>三稿通过</th></tr>
<tr><td>开题报告（设计一阶段）</td><td>1</td><td>1</td><td>0.7</td><td>0.5</td><td rowspan="3">4</td></tr>
<tr><td>初稿（设计二阶段）</td><td>1</td><td>1</td><td>0.7</td><td>0.5</td></tr>
<tr><td>终稿（设计三阶段）</td><td>1</td><td>1</td><td>0.7</td><td>0.5</td></tr>
<tr><td>合计分值</td><td>3</td><td>3</td><td>2.1</td><td>1.5</td><td>4</td></tr>
</table>

3. 毕业设计（论文）查重与学位申请要求

除土木工程外，学院其余专业将实施全面查重。

不申请学位：重复比例不得超过30%，否则成绩不及格。

申请学位：重复比例不得超过20%且终稿成绩（50%）、交叉评阅成绩（40%）和平时成绩（10%）三部分合成成绩达到“良好”及以上等级，具备参加学院答辩资格，最后答辩成绩取得“良好”及以上等级则毕业设计（论文）符合学位申请条件。

4. 写作前准备

登录学院主页，点击“进入教室”→“论文”，查看毕业设计（论文）相关资料，如图7-1、图7-2所示。

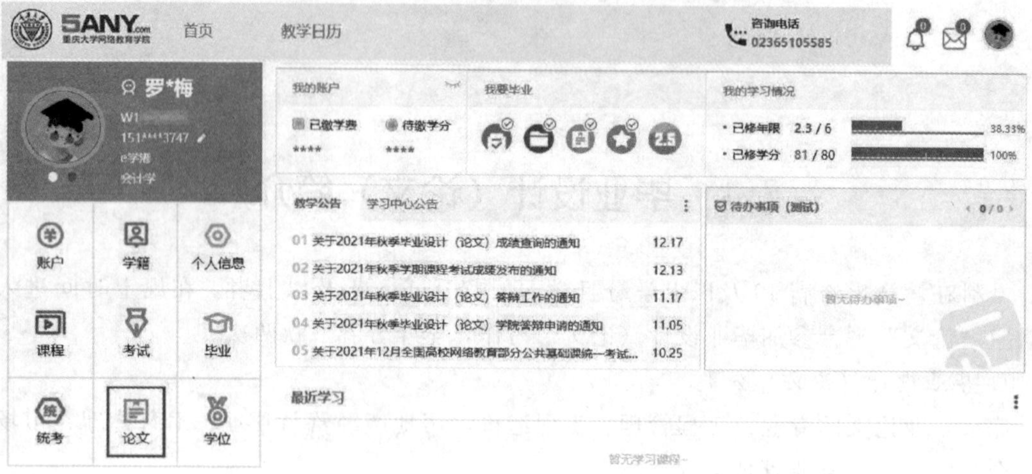

图7-1 网络教室主页

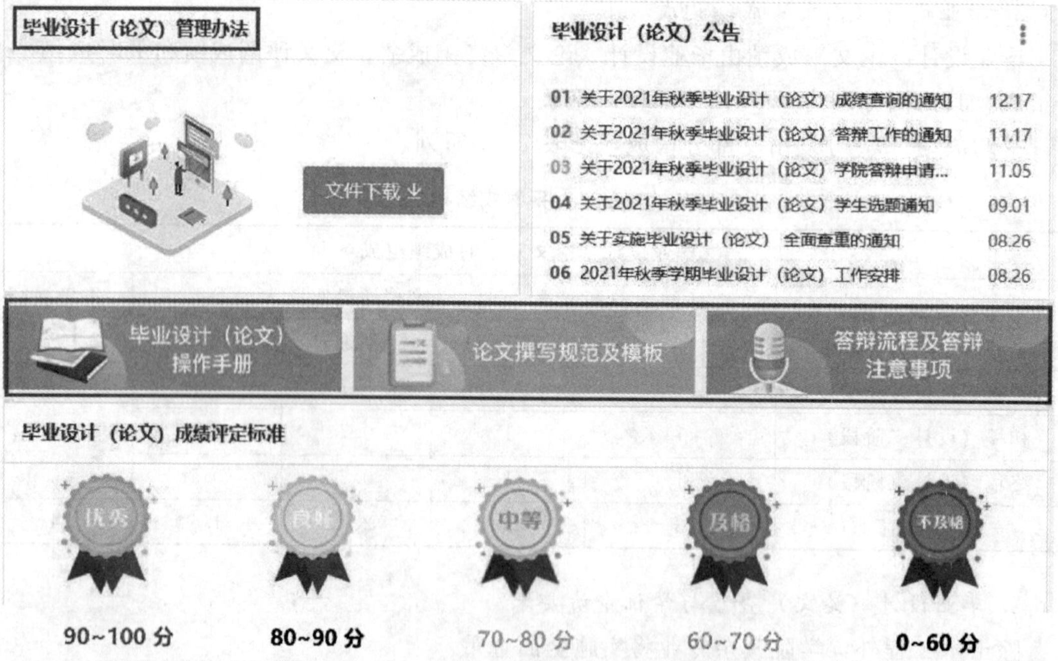

图7-2 毕业设计（论文）相关资料

重要提示：

（1）毕业设计（论文）选题成功后系统自动扣除相应学分学费。

（2）学生在读期间，毕业设计（论文）成绩不及格者，可重做。

（3）学生在读期间，毕业设计（论文）成绩及格者，未毕业前，有两次重做资格。

（4）学生毕业后，毕业设计（论文）不能申请重做。

（5）从 191 入学批次开始，毕业设计（论文）重做须重新缴纳相应学分学费。

7.2　毕业设计（论文）写作流程

符合条件参与毕业设计（论文）写作的同学，在学院规定时间参加毕业设计（论文），并按照各阶段流程截止时间完成该阶段文档的写作、提交，直至最终通过，如图 7 - 3 所示。

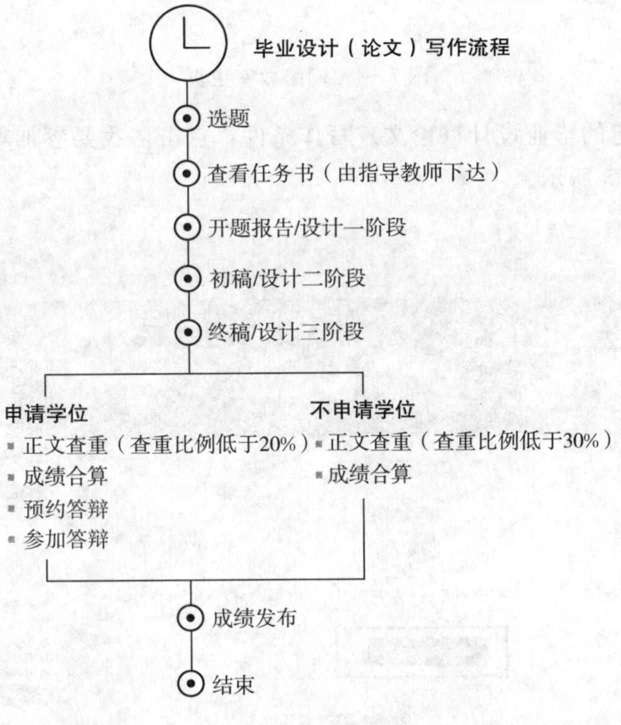

图 7 - 3　毕业设计（论文）写作流程

重要提示：

每个阶段必须通过，才能进入下一个阶段。任何一个阶段截止后未通过，本次毕业设计（论文）成绩不及格，下次须重做。

1. 选题

本科在籍学生修满 49 及以上学分且学习时间达 1.5 年及以上者，在规定时间进入网络教室“论文”平台参加毕业设计（论文）选题。

（1）选题

登录学院主页，点击“进入教室”→“论文”，进入论文平台，如图 7-4 所示。

图 7-4　网络教室主页

如符合学院规定的毕业设计（论文）写作条件，点击“我要参加本次论文”进入须知阅读页面，如图 7-5 所示。

图 7-5　毕业设计（论文）选题

勾选“我已阅读毕业设计（论文）须知，并同意以上所有条款”后点击“我已知晓”，如图 7-6 所示。跳转到选题页面后点击“我要选题”，如图 7-7 所示。

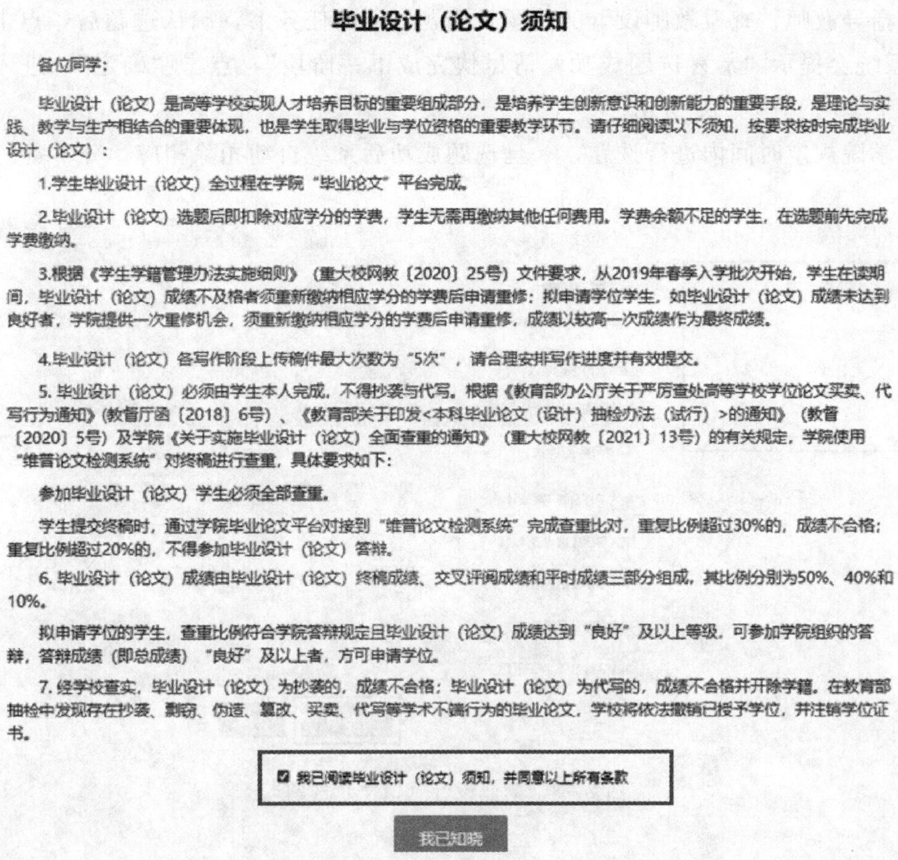

毕业设计（论文）须知

各位同学：

毕业设计（论文）是高等学校实现人才培养目标的重要组成部分，是培养学生创新意识和创新能力的重要手段，是理论与实践、教学与生产相结合的重要体现，也是学生取得毕业与学位资格的重要教学环节。请仔细阅读以下须知，按要求按时完成毕业设计（论文）：

1.学生毕业设计（论文）全过程在学院“毕业论文”平台完成。

2.毕业设计（论文）选题后即扣除对应学分的学费，学生无需再缴纳其他任何费用。学费余额不足的学生，在选题前先完成学费缴纳。

3.根据《学生学籍管理办法实施细则》（重大校网教〔2020〕25号）文件要求，从2019年春季入学批次开始，学生在读期间，毕业设计（论文）成绩不及格者须重新缴纳相应学分的学费后申请重修；拟申请学位学生，如毕业设计（论文）成绩未达到良好者，学院提供一次重修机会，须重新缴纳相应学分的学费后申请重修，成绩以较高一次成绩作为最终成绩。

4.毕业设计（论文）各写作阶段上传稿件最大次数为“5次”，请合理安排写作进度并有效提交。

5. 毕业设计（论文）必须由学生本人完成，不得抄袭与代写。根据《教育部办公厅关于严厉查处高等学校学位论文买卖、代写行为通知》（教督厅函〔2018〕6号）、《教育部关于印发<本科毕业论文（设计）抽检办法（试行）>的通知》（教督〔2020〕5号）及学院《关于实施毕业设计（论文）全面查重的通知》（重大校网教〔2021〕13号）的有关规定，学院使用“维普论文检测系统”对终稿进行查重，具体要求如下：

参加毕业设计（论文）学生必须全部查重。

学生提交终稿时，通过学院毕业论文平台对接到“维普论文检测系统”完成查重比对，重复比例超过30%的，成绩不合格；重复比例超过20%的，不得参加毕业设计（论文）答辩。

6. 毕业设计（论文）成绩由毕业设计（论文）终稿成绩、交叉评阅成绩和平时成绩三部分组成，其比例分别为50%、40%和10%。

拟申请学位的学生，查重比例符合学院答辩规定且毕业设计（论文）成绩达到“良好”及以上等级，可参加学院组织的答辩，答辩成绩（即总成绩）“良好”及以上者，方可申请学位。

7. 经学校查实，毕业设计（论文）为抄袭的，成绩不合格；毕业设计（论文）为代写的，成绩不合格并开除学籍。在教育部抽检中发现存在抄袭、剽窃、伪造、篡改、买卖、代写等学术不端行为的毕业论文，学校将依法撤销已授予学位，并注销学位证书。

☑ 我已阅读毕业设计（论文）须知，并同意以上所有条款

我已知晓

图 7－6　毕业设计（论文）须知

图 7－7　毕业设计（论文）选题

选择指导教师，查看教师设置的论题及论题对应的任务书，确认选题后，点击“提交选题”，系统会提示“恭喜选题成功，请尽快完成下一阶段”，点击“确定”，进入下一阶段，如图 7－8 至图 7－10 所示。

须在学院规定时间内进行选题，一旦选题成功后系统自动扣除相应学分学费。

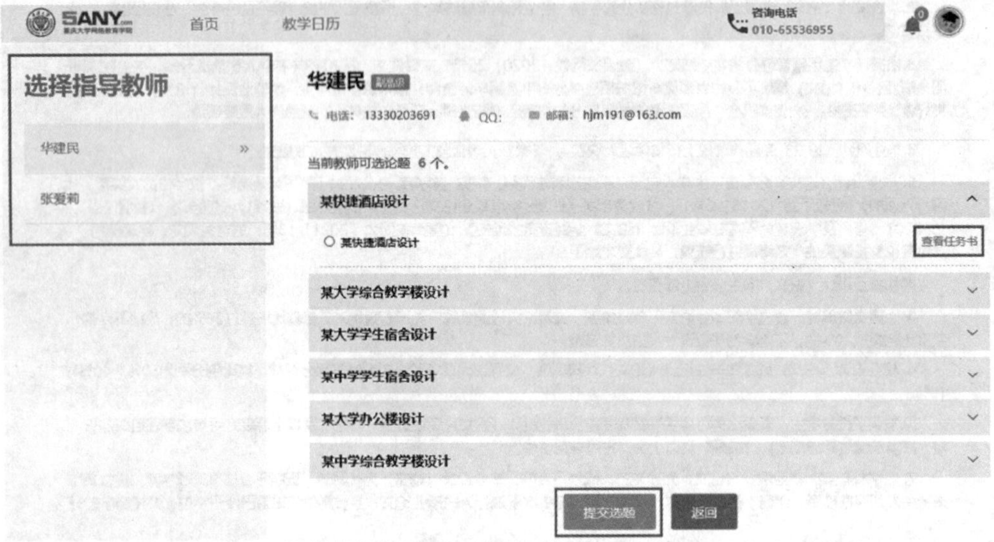

图 7－8　毕业设计（论文）选题

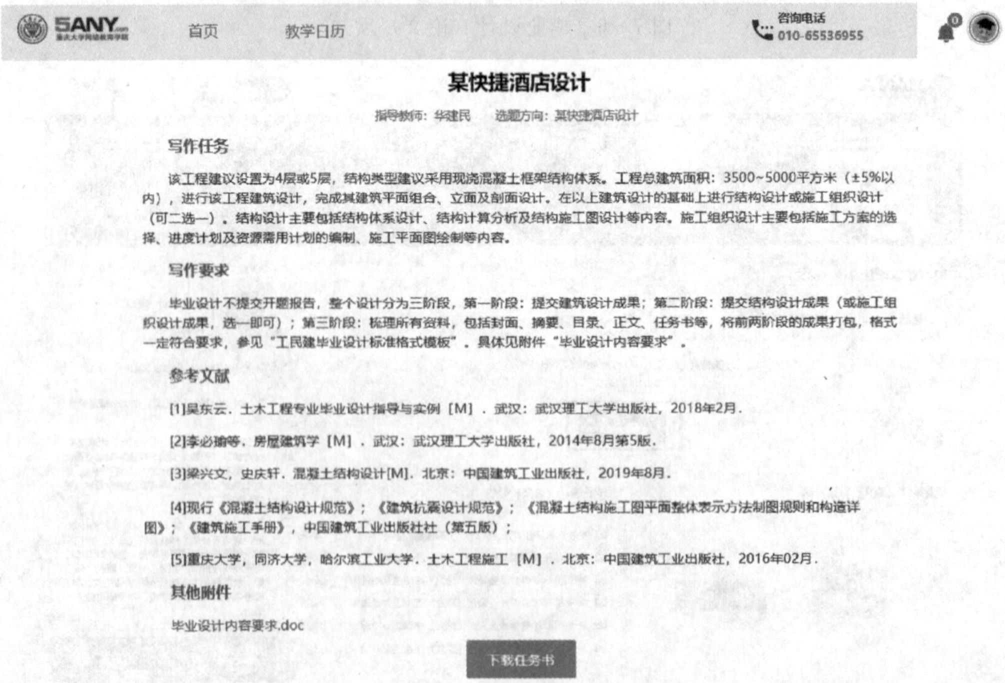

图 7－9　毕业设计（论文）选题

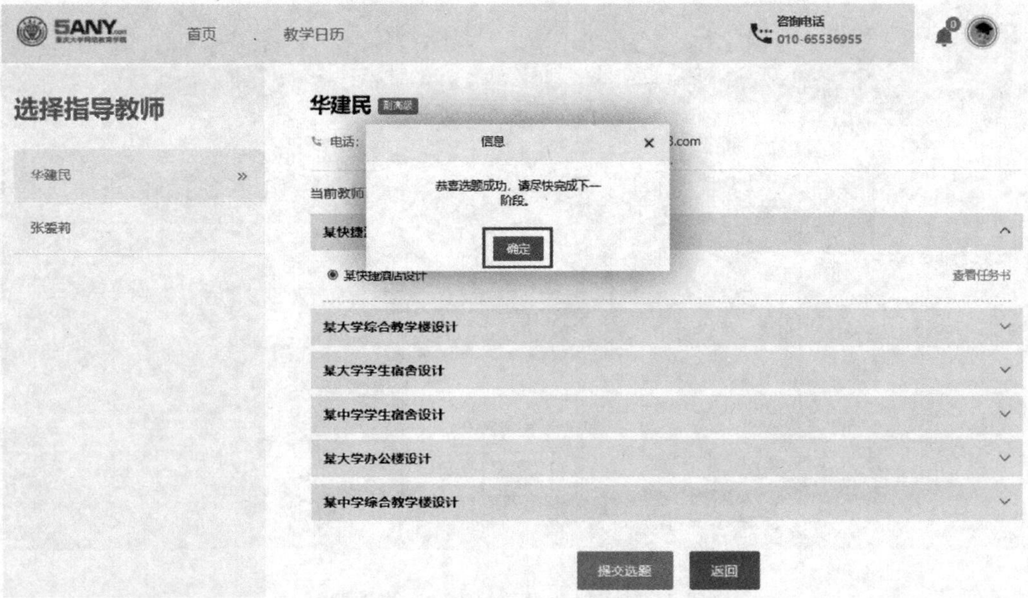

图 7－10　毕业设计（论文）选题

（2）换选题或退选题

1）不及格或及格重做的学生不能退选题，只能换选题

点击“换选题”，系统提示“确定要进行换选题操作吗?”，如图 7－11、图 7－12 所示。

图 7－11　毕业设计（论文）换选题

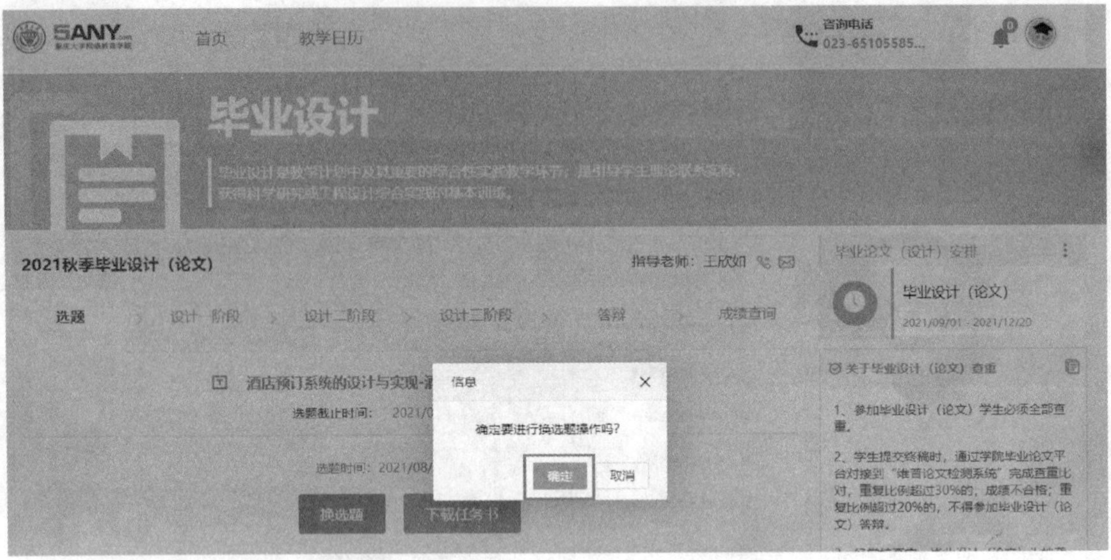

图 7 - 12　毕业设计（论文）换选题

点击“确定”，进入换选题页面，确认好选题之后，点击“更换选题”，如图 7 - 13 所示。

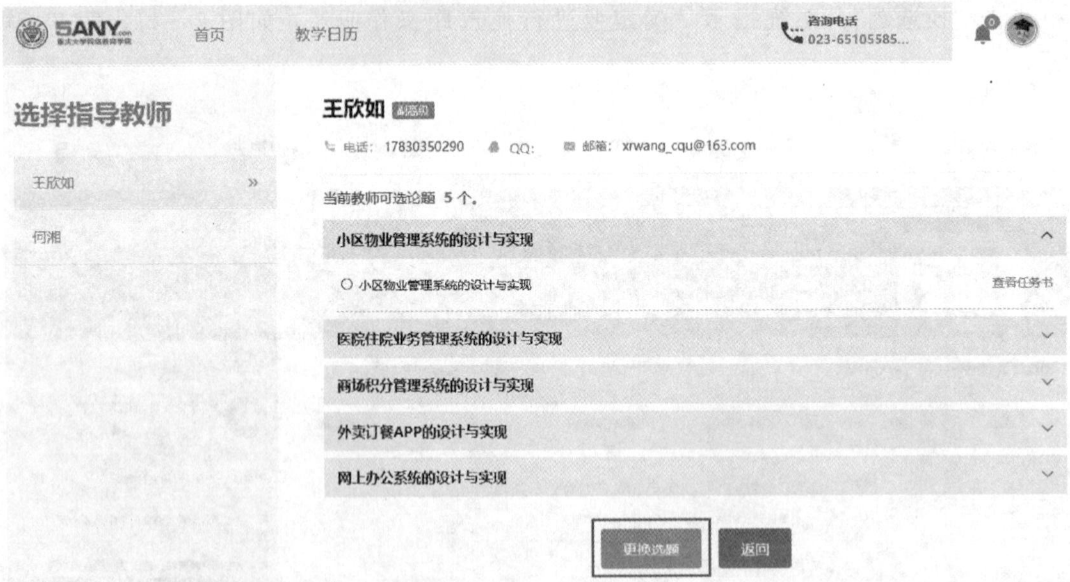

图 7 - 13　毕业设计（论文）换选题

更换选题后，系统提示“恭喜换选题成功，请尽快完成下一阶段”，点击“确定”，进入下一阶段，如图 7 - 14 所示。

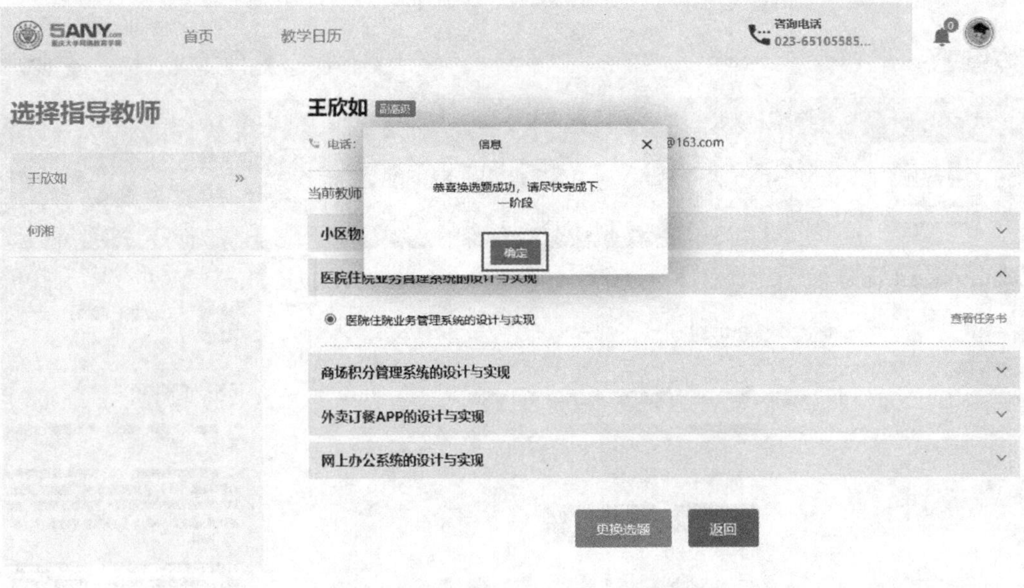

图 7－14　毕业设计（论文）换选题

2）非重做学生可进行退选题

点击“退选题”，返回到选题页面，学生可以重新进行选题或放弃此次选题，如图 7－15 所示。退选题后，论文费用将退回学生个人账户。

重要提示： 选题截止后，任何学生都不能再进行论题的退选或更换，请慎重！

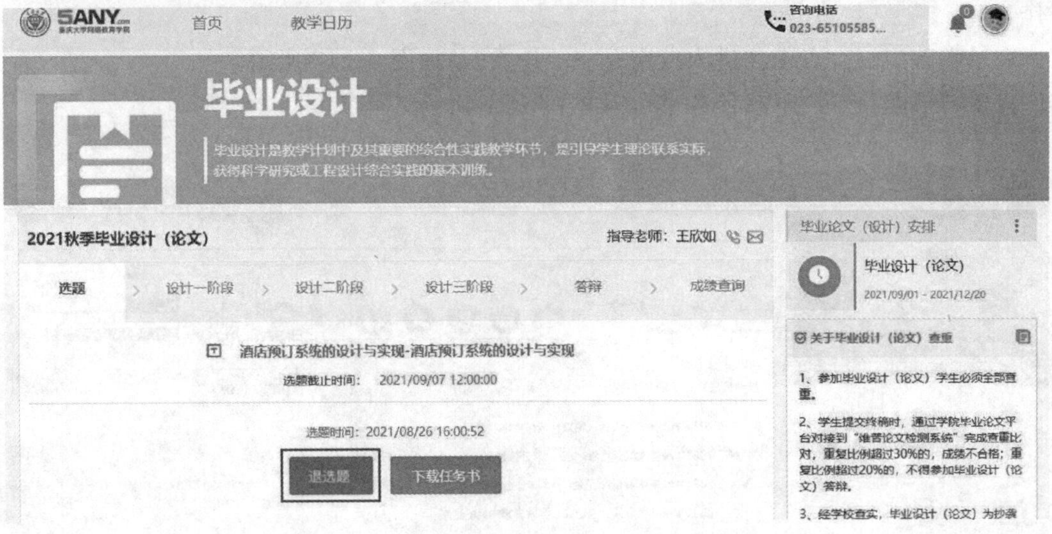

图 7－15　毕业设计（论文）退选题

（3）查看指导教师联系方式

选题后，学生可以在论文平台的右上角查看指导教师的姓名、联系方式，选题事项可与指导教师进行沟通，如图 7－16 所示。

图 7-16　毕业设计（论文）指导教师联系方式

2. 查看任务书

毕业设计（论文）的任务书由指导教师纂写，并在论题设置时统一上传至论文平台。学生可查看并下载选题的任务书。整个过程中，学生务必根据指导教师任务书要求进行写作。

登录学院主页，点击“进入教室”→“论文”，如图 7-17 所示。

点击“选题”→“下载任务书”，如图 7-18 所示。

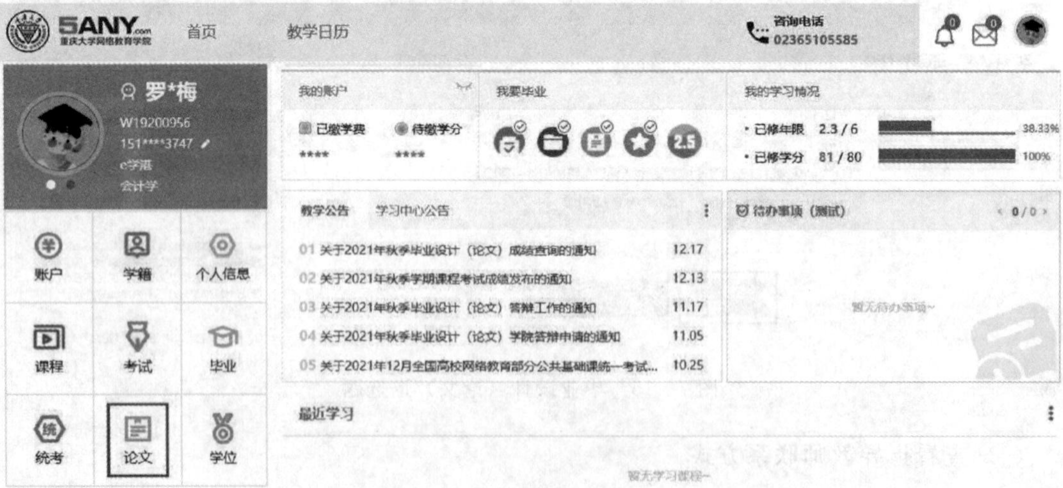

图 7-17　网络教室主页

图 7－18　毕业设计（论文）任务书下载

3. 提交设计一阶段/开题报告

学生根据指导教师下达的毕业设计（论文）任务书查阅文献和参考资料，撰写设计一阶段/开题报告内容。设计一阶段内容按指导教师下达的任务书要求完成。开题报告内容按课题的目的及意义、课题任务、重点研究内容、实现途径、条件等撰写。学生完成设计一阶段/开题报告内容后，上传“论文”平台。

（1）提交设计一阶段/开题报告

学生在学院规定时间内，登录学院主页，点击“进入教室”→“论文”，如图 7－19 所示。

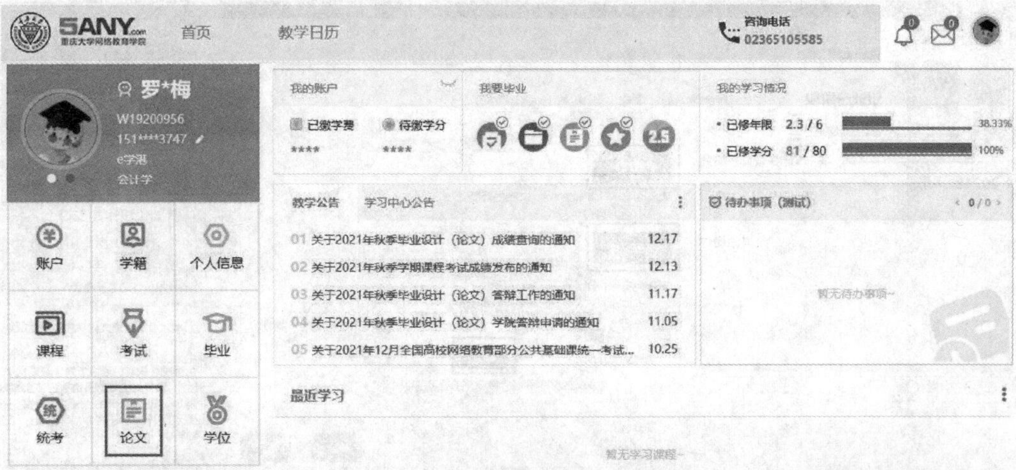

图 7－19　网络教室主页

点击“设计一阶段/开题报告→上传稿件”，如图 7－20 所示。

图 7－20　设计一阶段/开题报告

点击“选择文件”，上传已经撰写好的设计一阶段/开题报告内容（含图纸等），上传成功后点击“确定”，如图 7－21 所示。

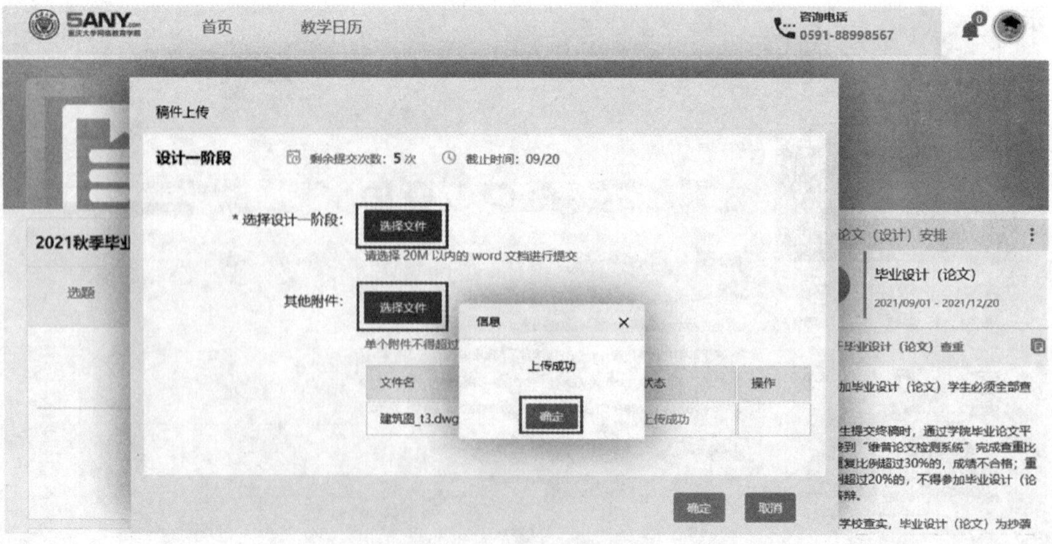

图 7－21　设计一阶段/开题报告

(2) 查看指导教师评阅结果

1) 状态显示“已提交”

学生上传文档后，平台显示“你的设计一阶段/开题报告已提交，请耐心等待老师评阅”。等待教师评阅期间学生可查看自己上传的文档，如有修改可以修改后再次上传，如图 7 - 22 所示。

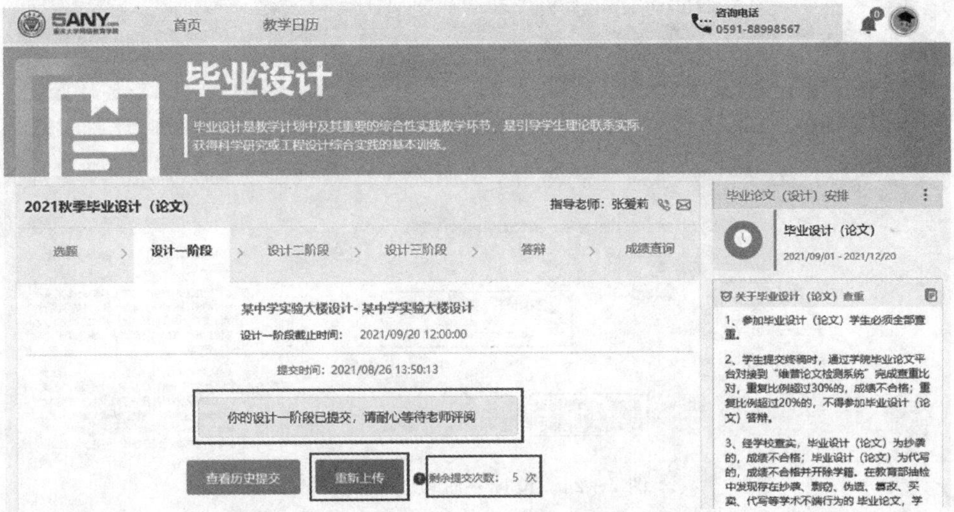

图 7 - 22 设计一阶段/开题报告

2) 状态显示“未通过”

教师评阅后，如状态显示“未通过”，可查看“教师评语”或点击“下载教师批注稿件”查看修改意见，根据教师修改意见进行修改。在本阶段截止时间前点击“重新上传”，上传修改好的文档，如图 7 - 23 所示。

图 7 - 23 设计一阶段/开题报告

3）状态显示“通过”

教师评阅后，如状态显示“通过”，在查看“教师评语”或点击“下载教师批注稿件”查看评阅意见后可直接进入下一阶段，如图 7－24 所示。

图 7－24　设计一阶段/开题报告

点击“查看历史提交”，可以查看该阶段的上传次数、上传时间、教师评语、评阅时间等，也可以查看并下载上传的文档，如图 7－25 所示。

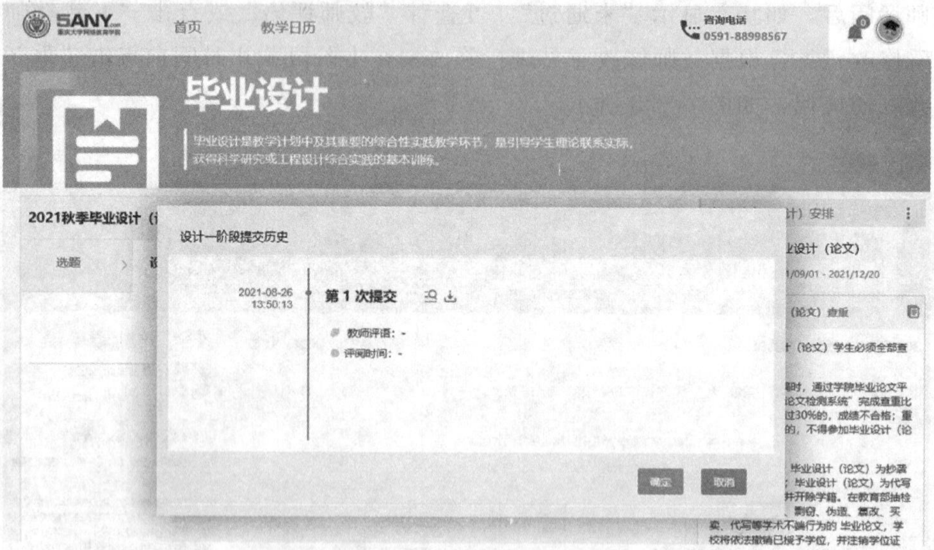

图 7－25　设计一阶段/开题报告

重要提示：

（1）每个阶段尽量在该阶段截止日期前提交并通过。务必留足时间给教师评阅及自己修改。

（2）每个阶段最多可提交 5 次，超过则该阶段不能继续提交，本次写作中止，毕业设计（论文）成绩不及格。每个阶段教师评阅 1 次，计 1 次提交次数。如教师未评阅，重复提交不计次数。

4. 提交设计二阶段/初稿

学生在设计一阶段/开题报告通过后，根据指导教师评阅意见及任务书要求继续完成设计二阶段/初稿并提交。

（1）提交设计二阶段/初稿

学生在学院规定时间内，登录学院主页，点击“进入教室”→“论文”，如图 7－26 所示。

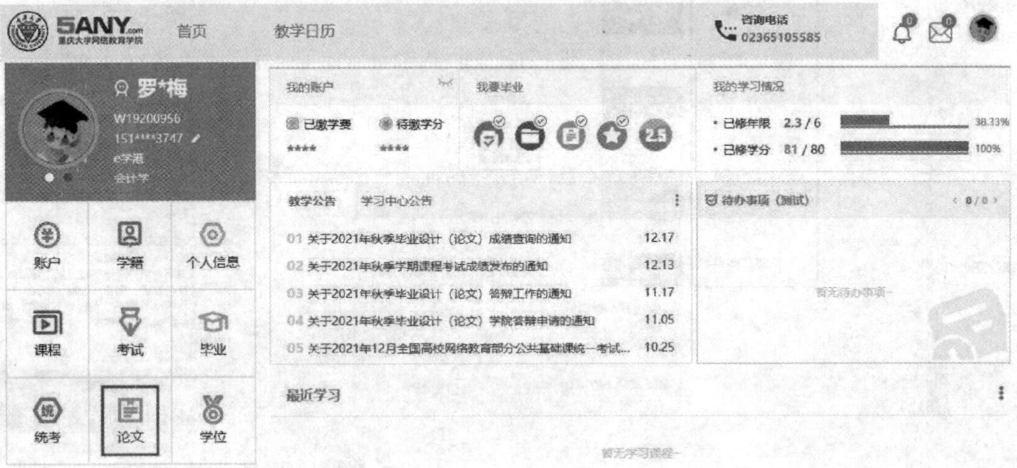

图 7－26　网络教室主页

点击“设计二阶段/初稿→上传稿件”，如图 7－27 所示。

图 7－27　设计二阶段/初稿

根据提示，上传封面、摘要、目录、正文以及其他附件（图纸等），上传成功后，点击“确定”，如图 7-28 所示。

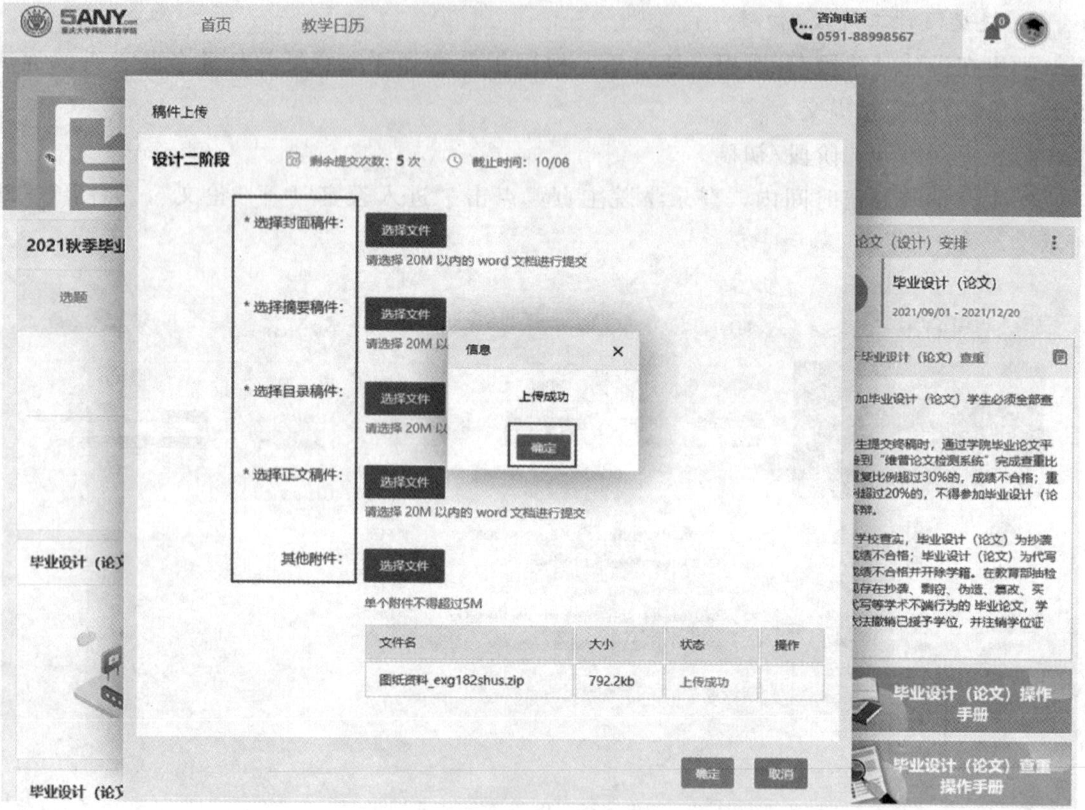

图 7-28　设计二阶段/初稿

（2）查看指导教师评阅结果

1）状态显示“已提交”

学生上传文档后，平台显示“你的设计二阶段/初稿已提交，请耐心等待老师评阅”。等待教师评阅期间学生可查看自己上传的文档，如有修改可以修改后再次上传，如图 7-29 所示。

2）状态显示“未通过”

教师评阅后，如状态显示“未通过”，可查看“教师评语”或点击“下载教师批注稿件”查看修改意见，根据教师修改意见进行修改。在本阶段截止时间前点击“重新上传”，上传修改好的文档，如图 7-30 所示。

3）状态显示“通过”

教师评阅后，如状态显示“通过”，在查看“教师评语”或点击“下载教师批注稿件”查看评阅意见后可直接进入下一阶段。

图 7－29　设计二阶段/初稿

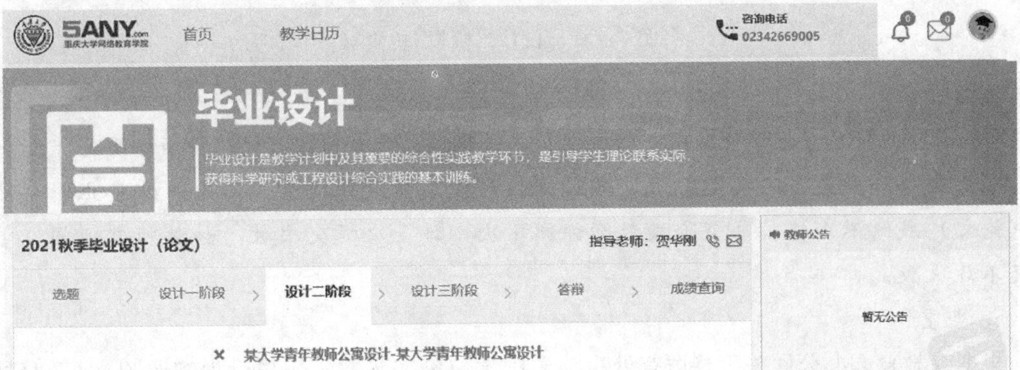

图 7－30　设计二阶段/初稿

点击“查看历史提交”，可以查看该阶段的上传次数、上传时间、教师评语、评阅时间等，也可以查看并下载上传的文档，如图 7－31 所示。

图 7-31　设计二阶段/初稿

重要提示：

（1）每个阶段尽量在该阶段截止日期前提交并通过。务必留足时间给教师评阅及自己修改。

（2）每个阶段最多可提交 5 次，超过则该阶段不能继续提交，本次写作中止，毕业设计（论文）成绩不及格。每个阶段教师评阅 1 次，计 1 次提交次数。如教师未评阅，重复提交不计次数。

5. 查重

根据《教育部办公厅关于严厉查处高等学校学位论文买卖、代写行为的通知》（教督厅函〔2018〕6 号）、《教育部关于印发〈本科毕业论文（设计）抽检办法（试行）〉的通知》（教督〔2020〕5 号）文件精神，我院毕业设计（论文）除土木工程专业外其他专业实施全面查重。

学生提交设计三阶段/终稿时，通过学院论文平台链接到维普论文检测系统完成正文内容查重，其中封面、目录、摘要不查重。

申请学位：重复比例不得超过 20%。

不申请学位：重复比例不得超过 30%。

（1）查重

学生在学院规定时间内，登录学院主页，点击“进入教室”→“论文”，如图 7-32 所示。

点击“设计三阶段/终稿”，阅读“终稿须知”，勾选“我已阅读论文须知，并同意以上所有条款”，点击“上传稿件”上传论文设计三阶段/终稿，上传后系统自动链接到维普

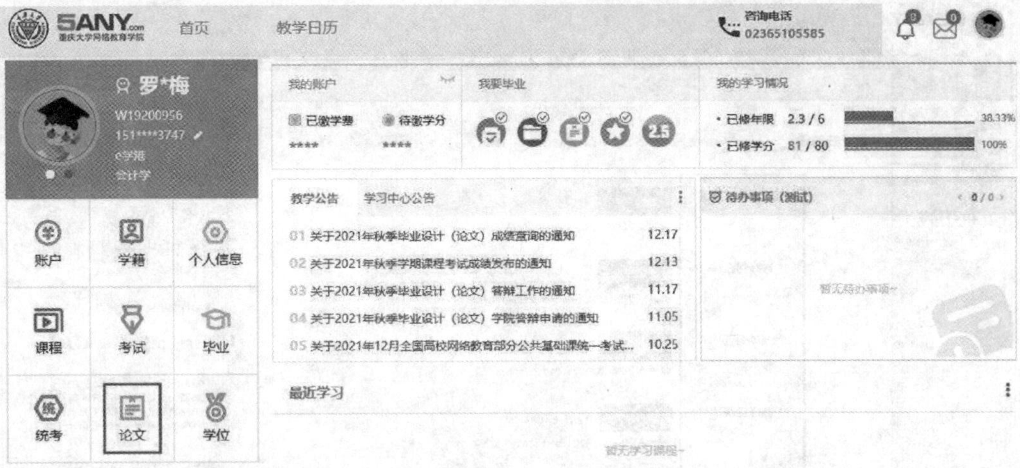

图 7 - 32　网络教室主页

论文检测系统进行查重，如图 7 - 33 所示。

图 7 - 33　毕业设计（论文）查重

重要提示：请务必从学院终稿提交界面跳转至维普论文检测系统，否则查重结果无法回传至学院平台，查重结果无效。

根据提示，上传设计一阶段/开题报告、封面、摘要、目录、正文以及其他附件（图纸等），上传成功后，点击“确定”，如图 7 - 34 所示。

系统自动跳转到维普论文检测系统，根据正文字数进行收费。收费标准为每 1 000 字符3 元，不足 1 000 字符按 1 000 字符计算。确认后提交订单，进入支付页面，如图 7 - 35 所示。

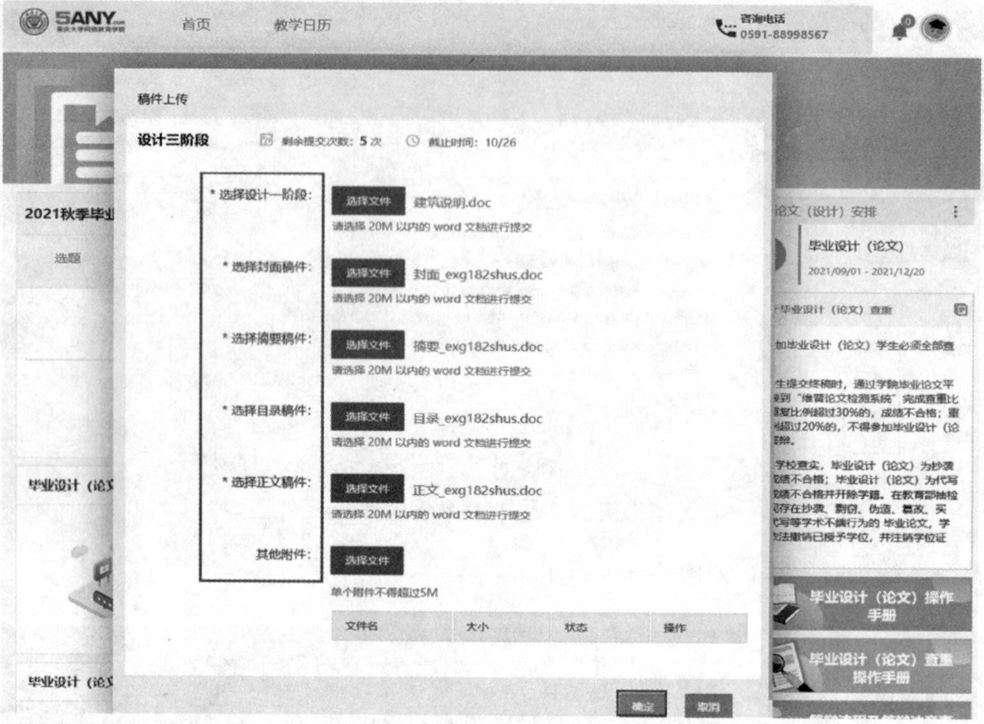

图 7－34　毕业设计（论文）查重

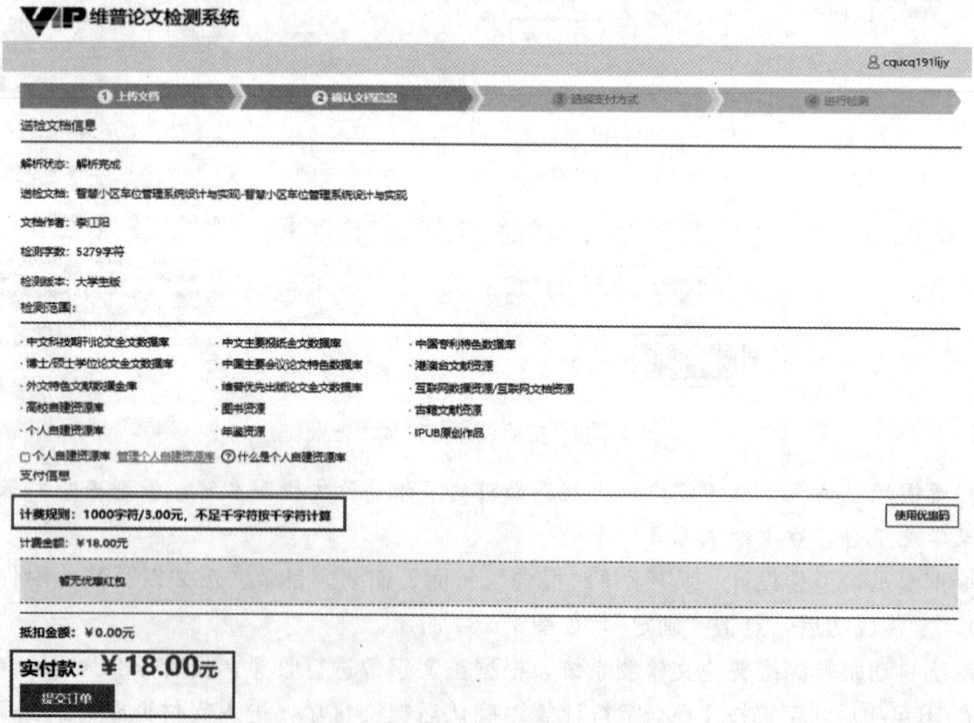

图 7－35　毕业设计（论文）查重

选择支付方式，完成支付后进入查重检测，系统会显示“您的论文正在检测中”，如图 7－36、图 7－37 所示。

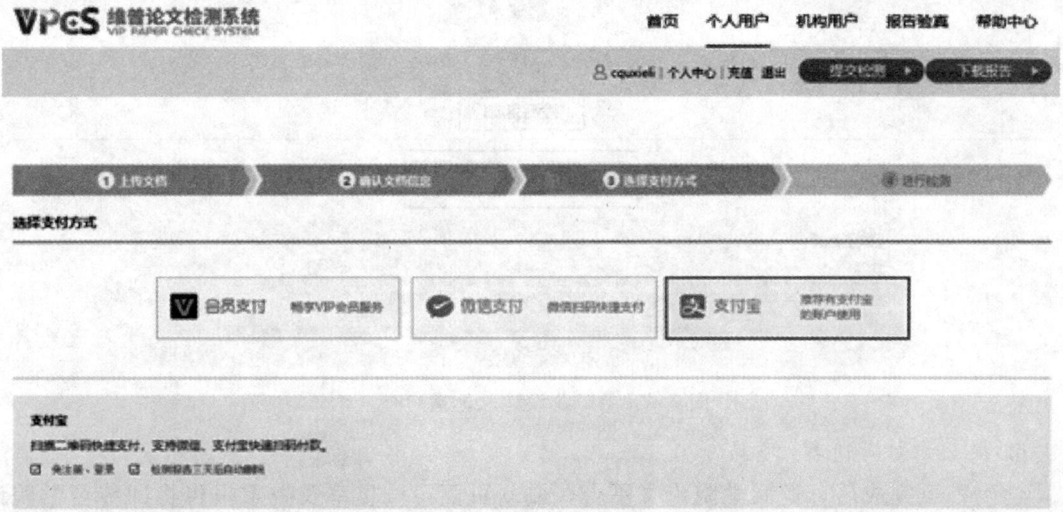

图 7－36　毕业设计（论文）查重

图 7－37　毕业设计（论文）查重

检测未完成前，请勿关闭页面。检测完成后，系统会提示检测完成，点击“查看报告”查看查重结果及查重报告，如图 7－38 所示。

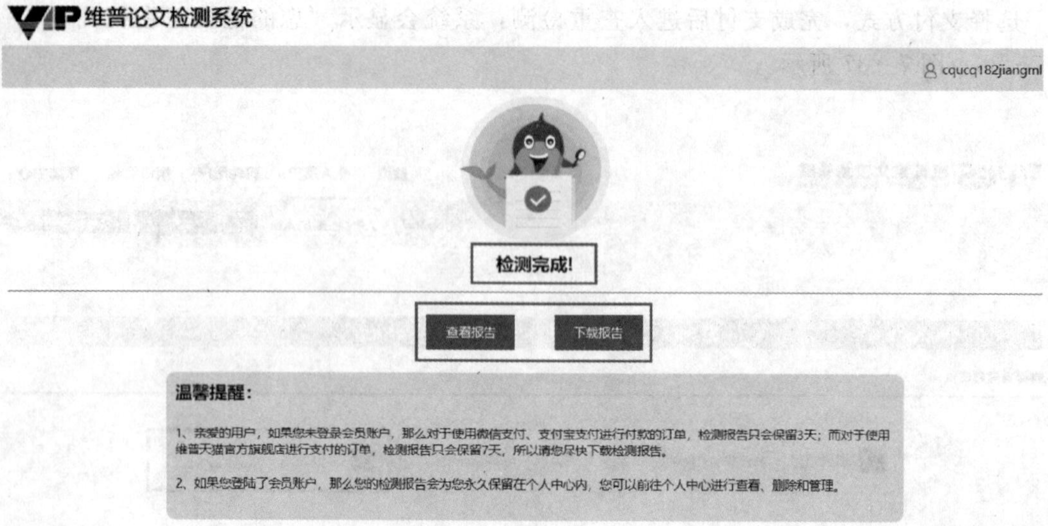

图 7－38　毕业设计（论文）查重

6．提交设计三阶段/终稿

学生查重完成后，返回学院论文平台，刷新页面，查重率及查重报告将回传至学院论文平台，学生和指导教师均可见。根据查重情况提交设计三阶段/终稿。

（1）查看查重率并提交设计三阶段/终稿

1）查重率高于 30％

如查重率高于 30％，将无法进入教师评阅环节，须修改论文降重后，点击“重新上传”，重新进行论文设计三阶段/终稿的提交并查重，直至查重率低于 30％，如图 7－39 所示。

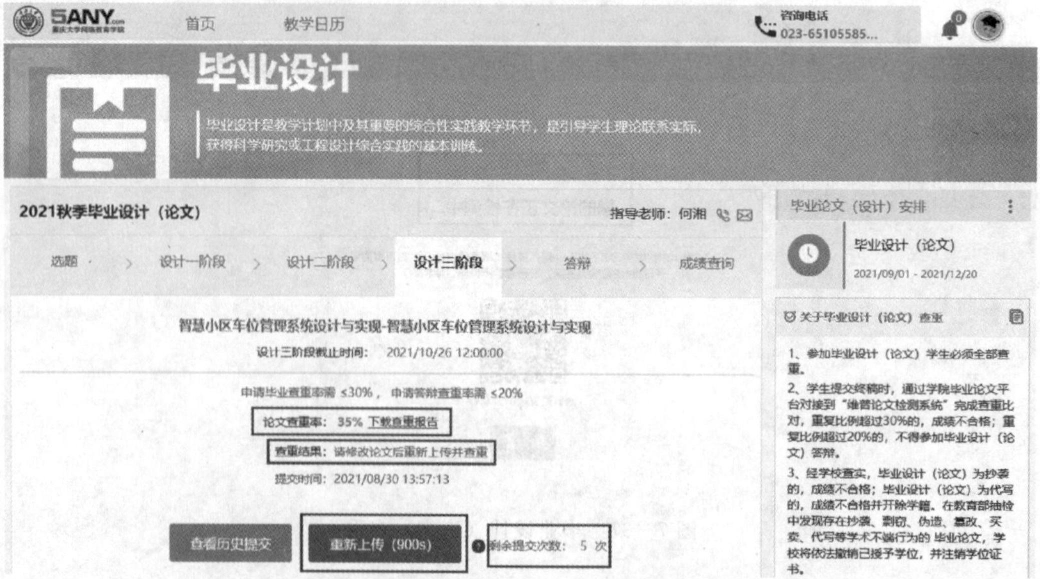

图 7－39　设计三阶段/终稿

2）查重率在 20%～30%

如查重率在 20%～30%，系统提示是否申请学位。

如不申请学位，点击“提交终稿”，勾选“我不申请答辩”后，点击“确认提交”，如图 7-40、图 7-41 所示。设计三阶段/终稿进入教师评阅环节。

图 7-40　设计三阶段/终稿

图 7-41　设计三阶段/终稿

如要申请学位，重新修改论文降重后，点击“重新上传”，进行设计三阶段/终稿的上传并查重，直至查重率低于20%后，再点击“提交终稿”，才能提交并进入教师评阅环节，如图7-42所示。

图7-42　设计三阶段/终稿

3）查重率低于20%

如查重率低于20%，点击“提交终稿”，系统提示“查重率已满足毕业和答辩申请要求”，点击“确认提交”后，论文设计三阶段/终稿进入教师评阅环节，如图7-43至图7-45所示。

图7-43　设计三阶段/终稿

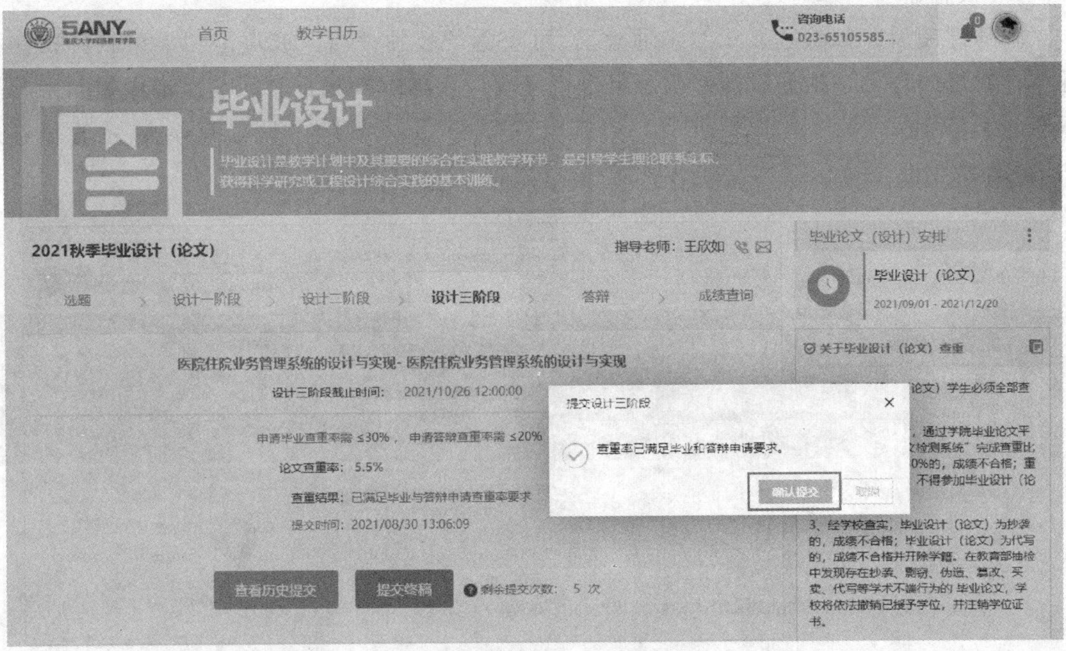

图 7－44　设计三阶段/终稿

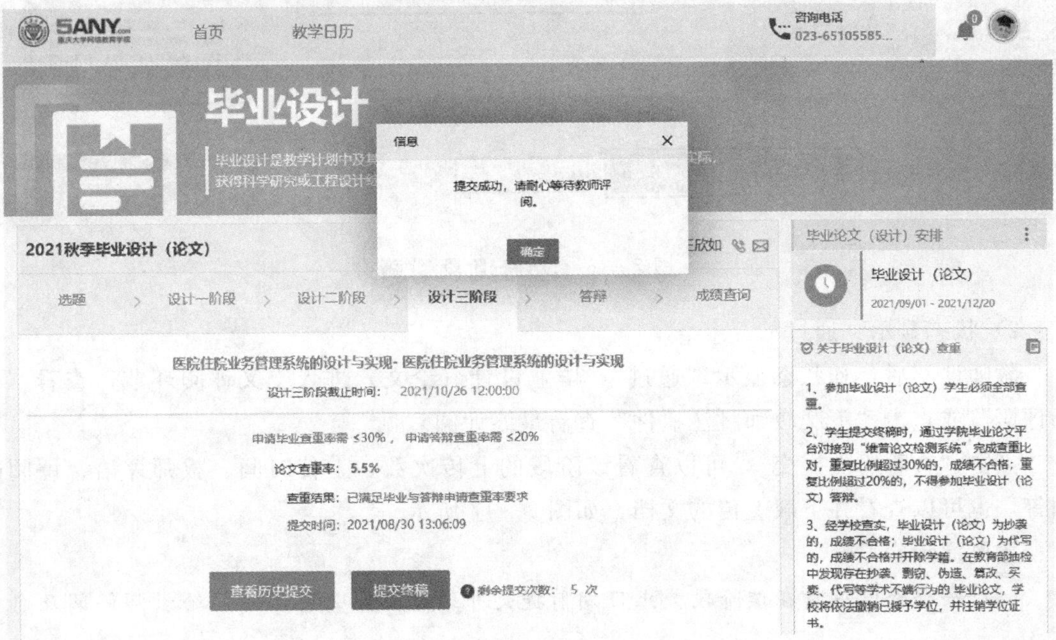

图 7－45　设计三阶段/终稿

（2）查看指导教师评阅结果

查重符合要求后，等待指导教师对设计三阶段/终稿进行评阅。

1）状态显示“未通过”

教师评阅后，如状态显示“未通过”，可查看“教师评语”或点击“下载教师批注稿件”查看修改意见，根据教师修改意见进行修改。在本阶段截止时间前点击“重新上传”，重新进行查重，符合查重要求后，再提交终稿并等待教师评阅，直至最终通过，如图 7－46所示。

图 7－46　设计三阶段/终稿

2）状态显示“通过”

教师评阅后，如状态显示“通过”，毕业设计（论文）进入交叉评阅环节，查看“教师评语”或点击“下载教师批注稿件”查看最终评阅意见。

点击“查看历史提交”，可以查看该阶段的上传次数、上传时间、教师评语、评阅时间等，也可以查看并下载上传的文档，如图 7－47 所示。

重要提示：

（1）每个阶段尽量在该阶段截止日期前提交并通过。务必留足时间给教师评阅及自己修改。

（2）每个阶段最多可提交 5 次，超过则该阶段不能继续提交，本次写作中止，毕业设计（论文）成绩不及格。每个阶段教师评阅 1 次，计 1 次提交次数。如教师未评阅，重复提交不计次数。

图 7-47　设计三阶段/终稿

7. 答辩（仅限申请学位学生）

根据我院学士学位授予相关规定，拟申请重庆大学学士学位的学生，必须参加由学院统一组织的毕业设计（论文）答辩。

（1）答辩预约条件

拟申请学位参加答辩的同学，毕业设计（论文）查重率须低于 20% 且终稿成绩（50%）、交叉评阅成绩（40%）和平时成绩（10%）三部分合算成绩达到“良好”及以上等级。

（2）答辩方式

分为现场答辩和远程答辩。

（3）答辩预约

待成绩合算后，在学院规定时间内，登录学院主页，点击“进入教室”→“论文”→“答辩”查看自己是否满足答辩预约的条件，如图 7-48 所示。

1）不满足答辩预约条件

毕业设计（论文）成绩为“不及格、及格、中等”的同学，平台提示“同学，你未满足答辩条件，无进行答辩预约!”，如图 7-49 所示。如成绩为不及格，请在下次毕业设计（论文）开始后重新选题。如成绩及格或中等但需申请学位须重做毕业设计（论文），可事先联系所属学习中心相关老师查询是否具备重做资格。

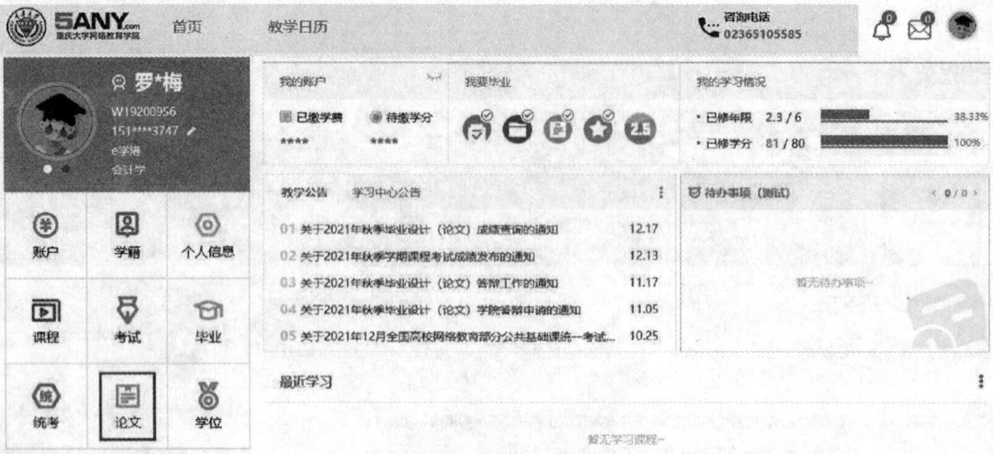

图 7-48　网络教室主页

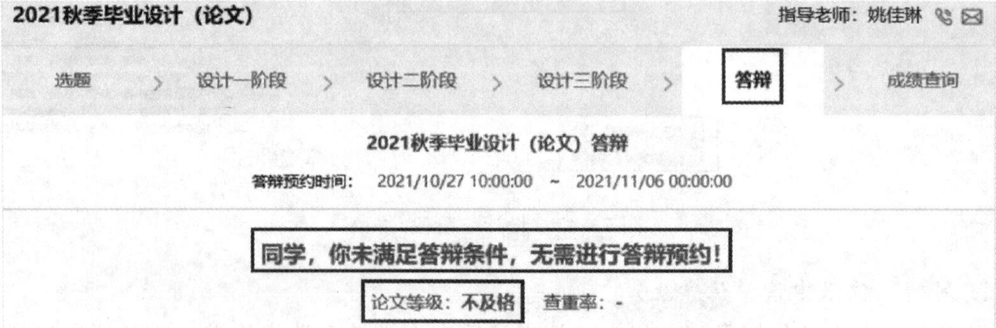

图 7-49　毕业设计（论文）答辩预约

2）满足答辩预约条件

毕业设计（论文）成绩为“良好、优秀”的同学，平台提示“同学，你已满足答辩条件，可进行答辩预约！”。如需申请学位，请在规定时间内点击“预约答辩”进行预约，如图 7-50 所示。

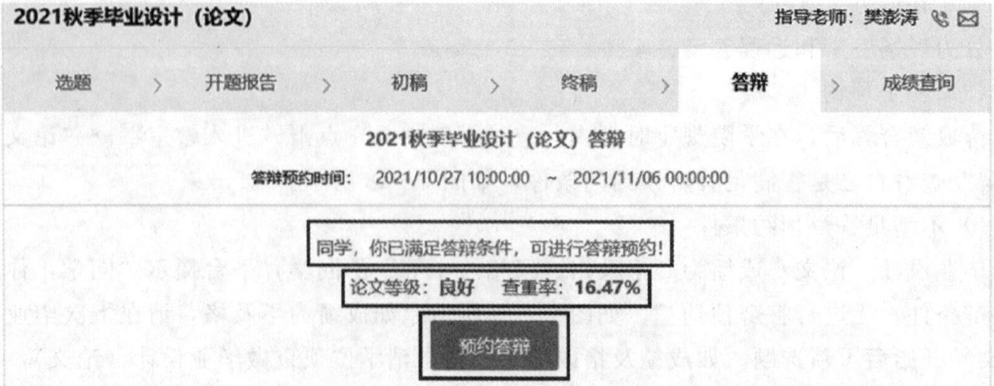

图 7-50　毕业设计（论文）答辩预约

勾选“答辩方式”，点击“答辩预约”，如图 7 - 51 所示。

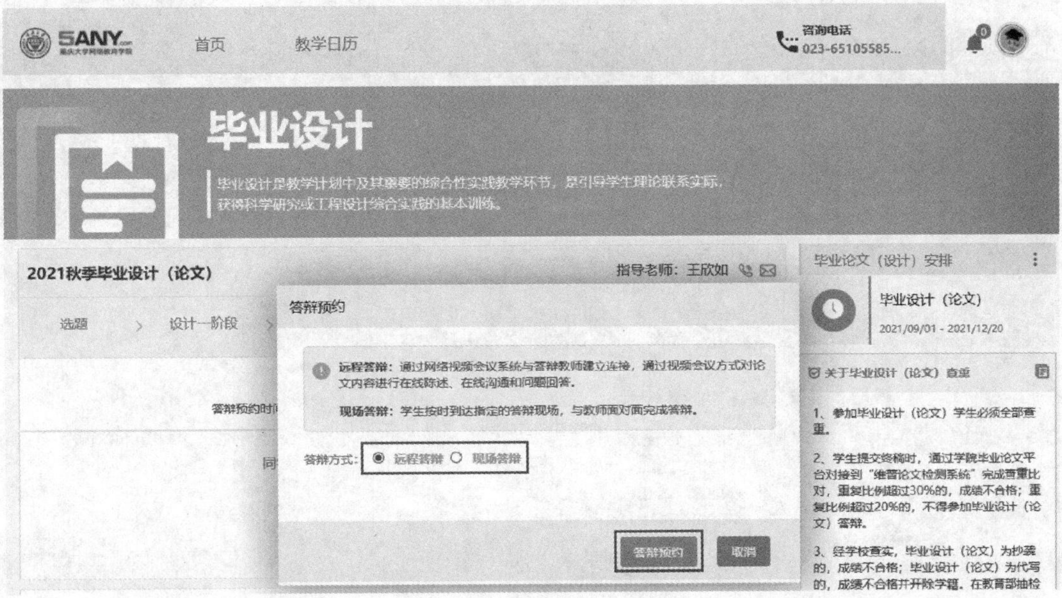

图 7 - 51　毕业设计（论文）答辩预约

显示答辩预约成功后，点击“确定”，等待答辩安排，如图 7 - 52 所示。

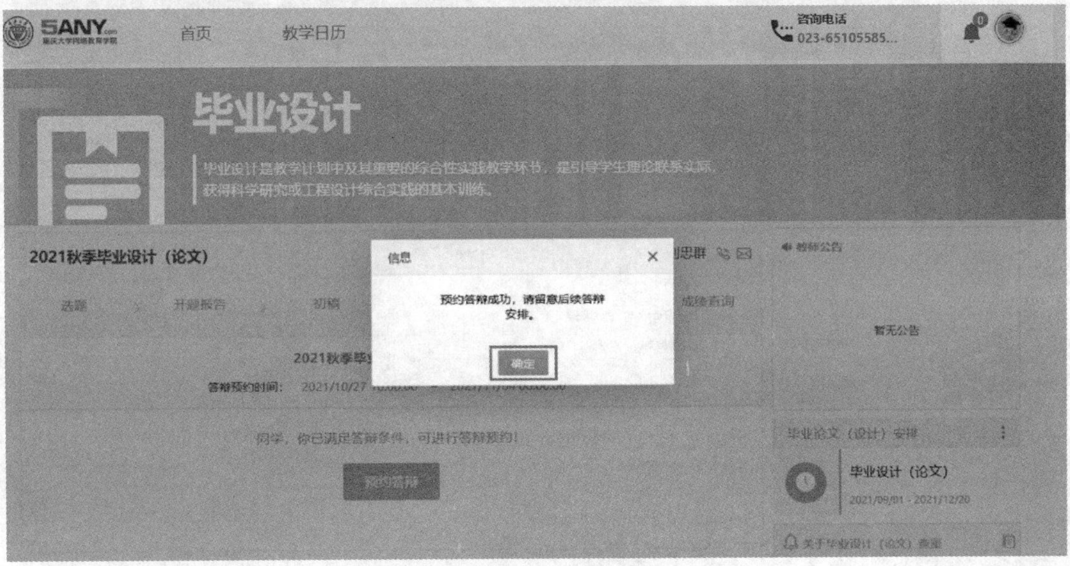

图 7 - 52　毕业设计（论文）答辩预约

如果要取消或者修改答辩方式请点击“取消预约”或“修改预约”，如图 7 - 53、图 7 - 54所示。

图 7-53　毕业设计（论文）答辩预约

图 7-54　毕业设计（论文）答辩预约

（4）答辩时间查询

待学院进行答辩时间安排后，可在论文平台查询自己的答辩时间，如图 7-55 所示。

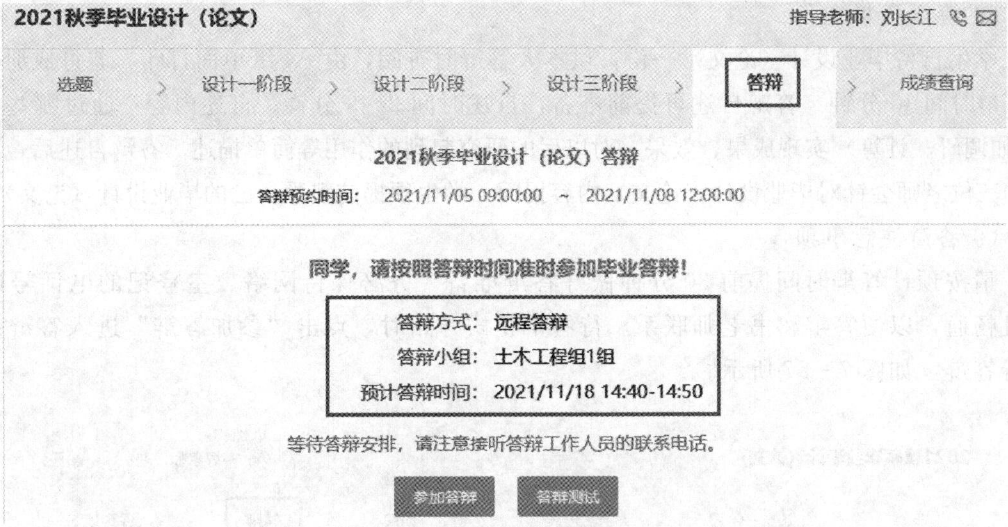

图 7 - 55　毕业设计（论文）答辩预约

（5）参加答辩

1）远程视频答辩

① 设备准备及测试

设备要求：提前准备好摄像头、带话筒的耳机（请勿使用外放设备）和电脑。

浏览器要求：Google Chrome、Microsoft Edge 浏览器（请勿使用其他浏览器，否则无法进入答辩）。

测试要求：在正式答辩前，登录论文平台，点击“答辩”→“答辩测试”进行视频、音频、网络环境测试，如图 7 - 56 所示。务必提前测试，以免影响正式答辩。

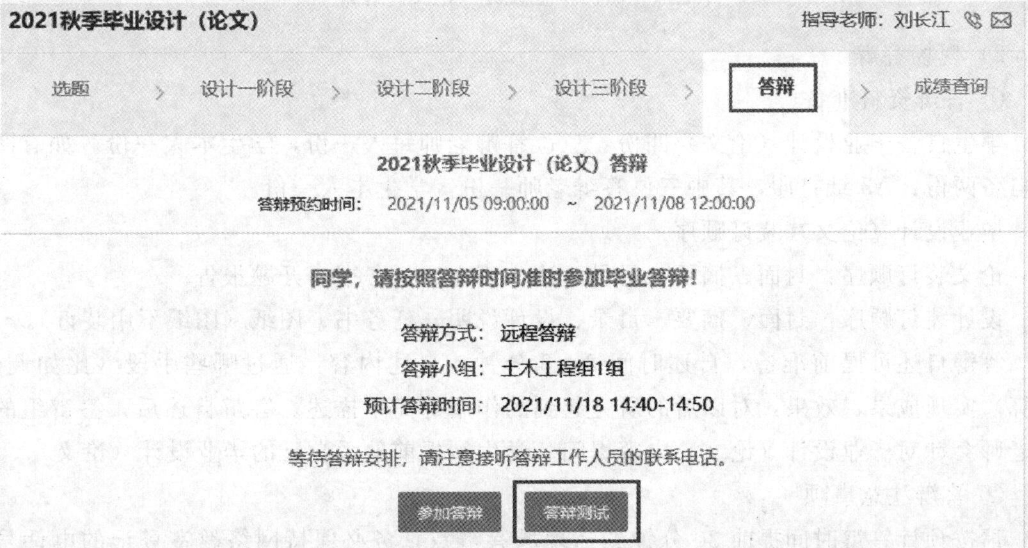

图 7 - 56　毕业设计（论文）答辩测试

② 答辩资料准备

学生自备毕业设计（论文）一份：供本人答辩时查阅，由 A4 纸单面打印、装订成册。每人答辩时间 10 分钟。答辩自述可提前准备，自述时间 2～3 分钟；自述内容：通过哪些手段（比如调研、计算）实现成果、效果，对以后的研究起到的作用等简单描述。答辩自述后，答辩组的三位老师会针对毕业设计（论文）内容提问，学生须提前熟悉自己的毕业设计（论文）。

③ 答辩注意事项

请按预计答辩时间提前 30 分钟做好答辩准备，务必保持网络教室登记的电话号码有效且畅通，以便答辩秘书老师联系。待答辩正式开始时，点击“参加答辩”进入答辩系统进行答辩，如图 7－57 所示。

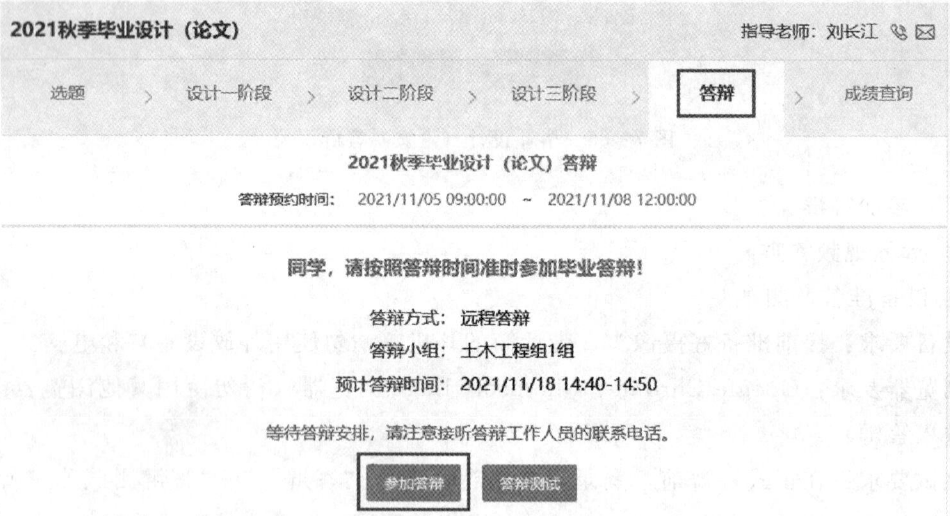

图 7－57 毕业设计（论文）答辩

2） 现场答辩

① 答辩资料准备

学生自备毕业设计（论文）四份：三位答辩老师每人一份，学生本人一份。如有图纸请自备两份：A3 纸打印，其中三位答辩老师一份，学生本人一份。

毕业设计（论文）装订顺序：

论文装订顺序：封面、摘要、目录、论文正文、任务书、开题报告。

设计装订顺序：封面、摘要、目录、设计说明、任务书、图纸（图纸不用装订）。

答辩自述可提前准备，自述时间 2～3 分钟；自述内容：通过哪些手段（比如调研、计算）实现成果、效果，对以后的研究起到的作用等简单描述。答辩自述后，答辩组的三位老师会针对毕业设计（论文）内容提问，学生须提前熟悉自己的毕业设计（论文）。

② 答辩注意事项

请按预计答辩时间提前 30 分钟到达现场答辩点，务必保持网络教室登记的电话号码有效且畅通，以便答辩秘书老师联系。待答辩正式开始时，由现场答辩秘书老师安排。

7.3 毕业设计（论文）成绩查询及重做

设计三阶段/终稿提交结束后 40 天左右发布毕业设计（论文）总成绩。

1. 查看成绩

登录学院主页，点击“进入教室”→“论文”，查看成绩，如图 7-58、图 7-59 所示。

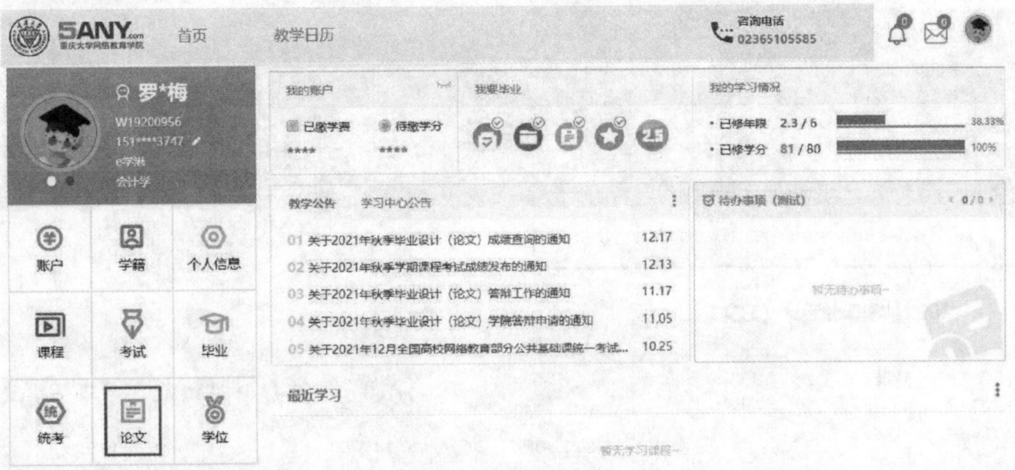

图 7-58　网络教室主页

图 7-59　毕业设计（论文）成绩

2. 毕业设计（论文）重做缴费

从 191 入学批次开始，毕业设计（论文）重做须重新缴纳相应学分学费。

（1）学生在读期间，毕业设计（论文）成绩不及格者，须重新缴纳 6 学分的学费后重做，如图 7－60 所示。

毕业设计（论文）选题平台开通后，在论文平台缴费。

图 7－60　毕业设计（论文）重做缴费

（2）学生在读期间，毕业设计（论文）成绩及格者，未毕业前有两次重做资格，须重新缴纳 6 学分学费。

毕业设计（论文）选题平台开通后，在论文平台点击“申请重做”，如图 7－61 所示。

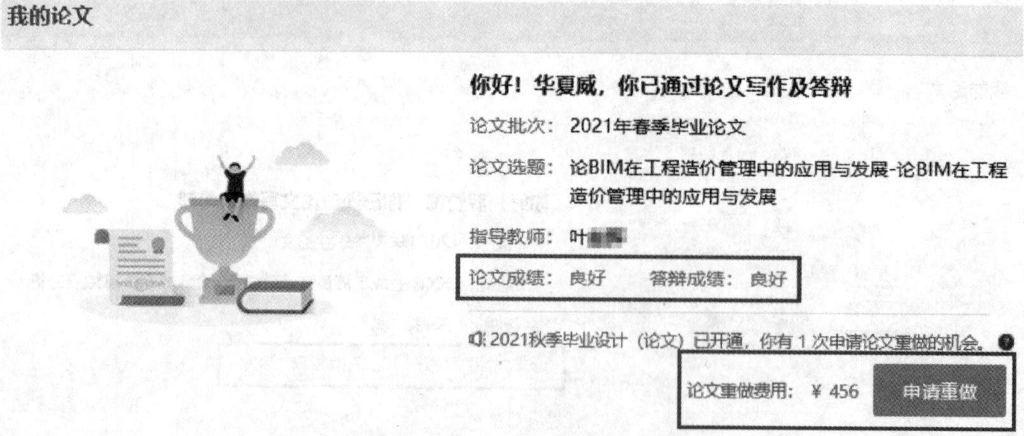

图 7－61　毕业设计（论文）重做缴费

当系统提示“你是否申请重做及重做费用”时，点击“确认申请”后完成缴费，如图 7-62 所示。

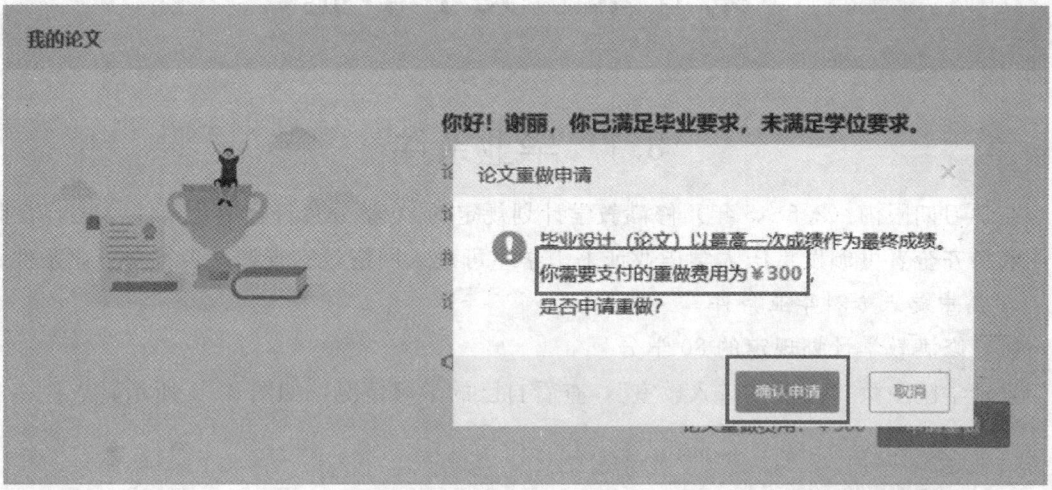

图 7-62　毕业设计（论文）重做缴费

（3）学生毕业后，毕业设计（论文）不能申请重做。

第 8 章 关于毕业

8.1 毕业条件

在学习期限内（2.5～5 年）修满教学计划规定的 80 学分且符合毕业条件，准予毕业。毕业资料齐全者可颁发重庆大学毕业证书。学生可进入网络教室查询是否符合毕业条件。

1. 高中起点专科毕业条件

（1）修满教学计划规定的 80 学分

登录学院主页，点击“进入教室”，查看自己的学习情况，如图 8－1 所示。

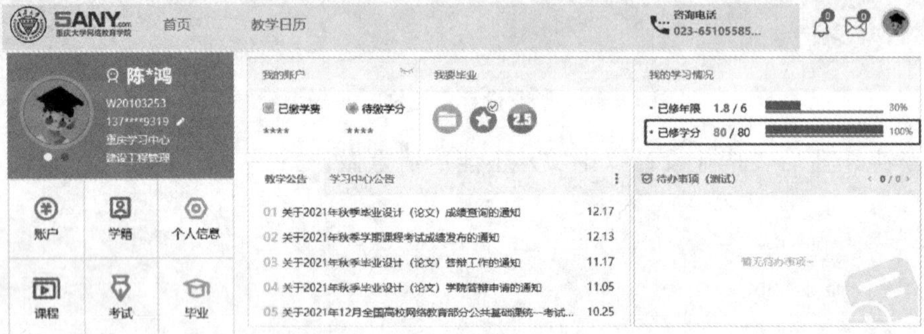

图 8－1 网络教室主页

（2）填写毕业生登记表

进入网络教室，点击“个人信息”，如“毕业生登记表”显示“无”，请填写毕业生登记表，如图 8－2、图 8－3 所示。

图 8－2 网络教室

个人基本信息

返回网络教室

用户名	cq201chenrh	姓名	陈[redacted]	
民族	汉族	性别	女	
职业	其他人员	政治面貌	群众	
证件类型	身份证	证件号码	50[redacted]	
联系地址	重庆市永川区[redacted]	户口所在地	重庆市永川区[redacted]	
邮政编码	400044	单位电话		
家庭电话	13[redacted]	移动通信号码	13[redacted]	
QQ	—			

原毕业学校	重庆市永川中学	毕业时间	2004年5月
原毕业层次	高中	原专业	
原毕业证书编码	2004397	是否为国民教育系列	是

批次	201	学习中心	重庆学习中心
层次	高中起点专科	专业	建设工程管理
报名日期	2020-3-22 0:00:46	入学方式	免试
注册日期	2020-3-22 0:00:46	录取日期	2020-3-22 0:00:46
学号	W20103253	当前状态	正式生

毕业图像采集信息（学信网）	无	毕业生登记表	无（点击可网上填写）

图 8-3　个人基本信息

（3）采集毕业图像

进入网络教室，点击“个人信息”，如“毕业图像采集信息”显示“无”，请在学院规定时间按“毕业生图像采集流程”进行采集，否则无法毕业，如图 8-4、图 8-5 所示。

图 8-4　网络教室

个人基本信息

返回网络教室

用户名	cq201chenrh	姓名	陈[redacted]
民族	汉族	性别	女
职业	其他人员	政治面貌	群众
证件类型	身份证	证件号码	50[redacted]
联系地址	重庆市永川区[redacted]	户口所在地	重庆市永川区[redacted]
邮政编码	400044	单位电话	
家庭电话	13[redacted]	移动通信号码	13[redacted]
QQ	—		

原毕业学校	重庆市永川中学	毕业时间	2004年5月
原毕业层次	高中	原专业	
原毕业证书编码	2004397	是否为国民教育系列	是

批次	201	学习中心	重庆学习中心
层次	高中起点专科	专业	建设工程管理
报名日期	2020-3-22 0:00:46	入学方式	免试
注册日期	2020-3-22 0:00:46	录取日期	2020-3-22 0:00:46
学号	W20103253	当前状态	正式生

毕业图像采集信息（学信网）	无	毕业生登记表	无（点击可网上填写）

图 8－5　个人基本信息

2. 专科起点本科毕业条件

（1）修满教学计划规定的 80 学分

登录学院主页，点击“进入教室”，查看自己的学习情况，如图 8－6 所示。

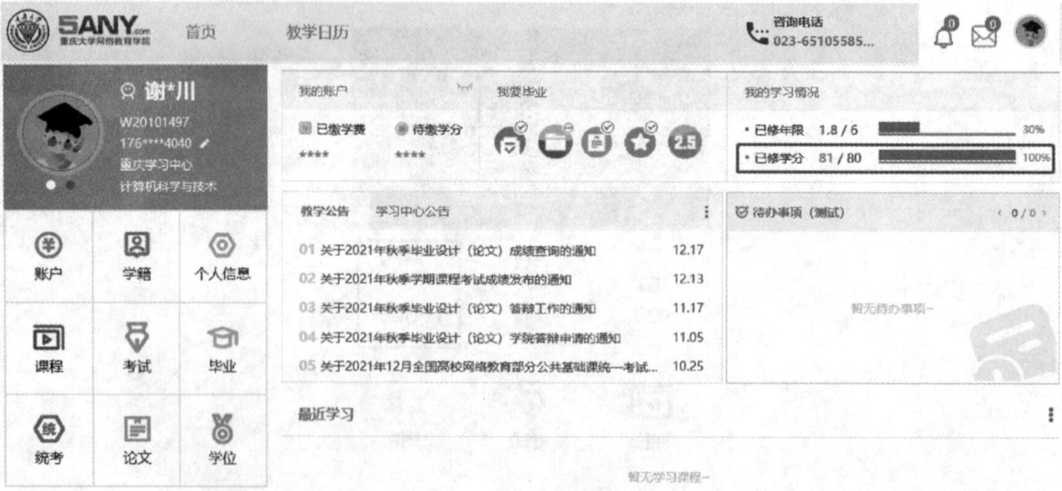

图 8－6　网络教室主页

（2）通过统考

进入网络教室，在“快捷通道”点击“已修在修课程信息”查看“大学英语B”和“计算机应用基础”通过情况，如图8-7、图8-8所示。

图8-7　快捷通道

已修在修课程信息

学生：谢[redacted]　学习中心：重庆学习中心　批次：201　层次：专科起点本科　专业：计算机科学与技术

课程类型	课程名称	课程状态	总成绩	所占学分	选课时间	开课时间	备注
公共基础课	大学英语（3）	考试通过	98	5	2020-2-5 0:01:01	2020-2-5 0:43:15	
	大学英语（4）	免考		5	2020-2-5 0:01:01	2020-2-5 0:43:15	统考合格
	大学英语B（统考课程）	考试通过	82.00	0	2020-2-5 0:00:05	2020-2-5 0:43:15	
	计算机应用基础（统考课程）	考试通过	78.50	0	2020-2-5 0:00:05	2020-2-5 0:43:15	
	网络教育学习概论	免考		1	2020-2-5 0:01:01	2020-2-5 0:43:15	本院毕业续读学生
	毛泽东思想和中国特色社会主义理论体系概论	考试通过	100	3	2020-2-5 0:01:01	2020-2-5 0:43:15	
	计算机应用基础	免考		4	2020-2-5 0:01:01	2020-2-5 0:43:15	统考合格
公共选修课	管理学	考试通过	100	3	2020-2-5 0:01:01	2020-2-5 0:43:16	
	人力资源管理	考试通过	99	4	2020-2-5 0:01:01	2020-2-5 0:43:16	
	文献检索与应用	考试通过	100	4	2020-2-5 0:01:01	2020-2-5 0:43:16	
专业必修课	C++程序设计语言	考试通过	100	4	2020-2-5 0:01:01	2020-2-5 0:43:15	
	Java程序设计	考试通过	100	4	2020-2-5 0:01:01	2020-2-5 0:43:15	
	计算机组成原理	考试通过	100	4	2020-2-5 0:01:01	2020-2-5 0:43:15	
	离散数学	考试通过	91	4	2020-2-5 0:01:01	2020-2-5 0:43:15	
	算法设计分析	考试通过	100	4	2020-2-5 0:01:01	2020-2-5 0:43:15	
	微机接口及应用	考试通过	99	4	2020-2-5 0:01:01	2020-2-5 0:43:15	
	电子商务	考试通过	100	4	2020-2-5 0:01:01	2020-2-5 0:43:15	
	计算机系统结构	考试通过	100	4	2020-2-5 0:01:01	2020-2-5 0:43:16	
	互联网及其应用	考试通过	100	4	2020-2-5 0:01:01	2020-2-5 0:43:15	
	软件工程	考试通过	100	4	2020-2-5 0:01:01	2020-2-5 0:43:16	
	毕业设计	考试通过		6	2021-9-1 10:07:02	2021-9-1 10:07:02	
	信息安全技术	考试通过	100	3	2020-2-5 0:01:01	2020-2-5 0:43:15	
	移动智能终端开发技术	考试通过	98	3	2020-2-5 0:01:01	2020-2-5 0:43:15	
取得学分：81　课程平均成绩：99.1							

图8-8　已修在修课程信息

（3）填写毕业生登记表

进入网络教室，点击“个人信息”，如“毕业生登记表”显示“无”，请填写毕业生登记表，如图 8－9、图 8－10 所示。

图 8－9 网络教室

个人基本信息

返回网络教室

用户名	cq201chengwsy1	姓名	成[redacted]
民族	汉族	性别	男
职业	其他人员	政治面貌	群众
证件类型	身份证	证件号码	50[redacted]
联系地址	重庆市[redacted]	户口所在地	重庆市[redacted]
邮政编码	400044	单位电话	
家庭电话	15[redacted]	移动通信号码	18[redacted]
QQ	[redacted]		

原毕业学校	重庆大学	毕业时间	2018年7月
原毕业层次	大专，高职	原专业	
原毕业证书编码	10[redacted]	是否为国民教育系列	是

批次	201	学习中心	重庆学习中心
层次	专科起点本科	专业	计算机科学与技术
报名日期	2020-4-15 0:09:31	入学方式	免试
注册日期	2020-4-15 0:09:31	录取日期	2020-4-15 0:09:31
学号	W20105874	当前状态	正式生

毕业图像采集信息（学信网）	无	毕业生登记表	无（点击可网上填写）

图 8－10 个人基本信息

（4）采集毕业图像

进入网络教室，点击“个人信息”，如“毕业图像采集信息”显示“无”，请在学院规定时间按“毕业生图像采集流程”进行采集，否则无法毕业，如图 8－11、图 8－12 所示。

图 8－11　网络教室

个人基本信息

返回网络教室

用户名	oq201chengwsy1	姓名	成[redacted]
民族	汉族	性别	男
职业	其他人员	政治面貌	群众
证件类型	身份证	证件号码	50[redacted]
联系地址	重庆市[redacted]	户口所在地	重庆市[redacted]
邮政编码	400044	单位电话	
家庭电话	15[redacted]	移动通信号码	18[redacted]
QQ	40[redacted]		

原毕业学校	重庆大学	毕业时间	2018年7月
原毕业层次	大专,高职	原专业	
原毕业证书编码	10[redacted]	是否为国民教育系列	是

批次	201	学习中心	重庆学习中心
层次	专科起点本科	专业	计算机科学与技术
报名日期	2020-4-15 0:09:31	入学方式	免试
注册日期	2020-4-15 0:09:31	录取日期	2020-4-15 0:09:31
学号	W20105874	当前状态	正式生

毕业图像采集信息（学信网）	无	毕业生登记表	无（点击可网上填写）

图 8－12　个人基本信息

3. 专科起点本科*（本科及以上学历）毕业条件

（1）修满教学计划规定的 80 学分（免修 20 学分公共基础课）

登录学院主页，点击“进入教室”，查看自己的学习情况，如图 8-13 所示。

图 8-13　网络教室主页

（2）填写毕业生登记表

进入网络教室，点击“个人信息”，如“毕业生登记表”显示“无”，请填写毕业生登记表，如图 8-14、图 8-15 所示。

图 8-14　网络教室

个人基本信息

返回网络教室

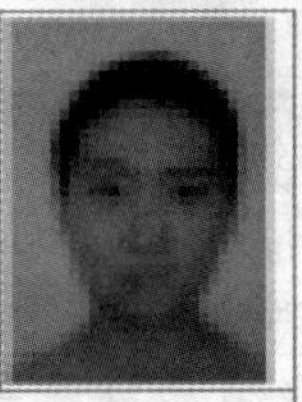

用户名	cq201chengyf	姓名	程[redacted]
民族	汉族	性别	女
职业	其他人员	政治面貌	群众
证件类型	身份证	证件号码	65[redacted]
联系地址	重庆市[redacted]	户口所在地	重庆市[redacted]
邮政编码	400044	单位电话	
家庭电话		移动通信号码	18[redacted]
QQ	—		

原毕业学校	长江师范学院	毕业时间	2014年6月
原毕业层次	本科	原专业	
原毕业证书编码	10[redacted]	是否为国民教育系列	是

批次	201	学习中心	重庆学习中心
层次	专科起点本科*	专业	计算机科学与技术
报名日期	2020-4-8 0:07:54	入学方式	免试
注册日期	2020-4-8 0:07:54	录取日期	2020-4-8 0:07:54
学号	W20104782	当前状态	正式生

毕业图像采集信息（学信网）	无	毕业生登记表	无（点击可网上填写）

图 8－15　个人基本信息

（3）采集毕业图像

进入网络教室，点击“个人信息”，如“毕业图像采集信息”显示“无”，请在学院规定时间按“毕业生图像采集流程”进行采集，否则无法毕业，如图 8－16、图 8－17 所示。

图 8－16　网络教室

个人基本信息

返回网络教室

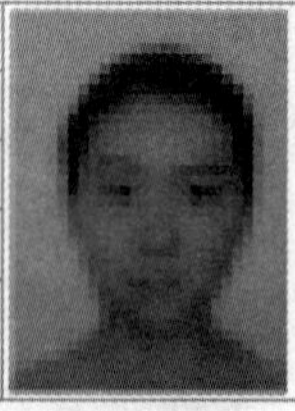

用户名	cq201chengyf	姓名	程[redacted]
民族	汉族	性别	女
职业	其他人员	政治面貌	群众
证件类型	身份证	证件号码	65[redacted]
联系地址	重庆市[redacted]	户口所在地	重庆市[redacted]
邮政编码	400044	单位电话	
家庭电话		移动通信号码	18[redacted]
QQ	—		

原毕业学校	长江师范学院	毕业时间	2014年6月
原毕业层次	本科	原专业	
原毕业证书编码	10[redacted]	是否为国民教育系列	是

批次	201	学习中心	重庆学习中心
层次	专科起点本科*	专业	计算机科学与技术
报名日期	2020-4-8 0:07:54	入学方式	免试
注册日期	2020-4-8 0:07:54	录取日期	2020-4-8 0:07:54
学号	W20104782	当前状态	正式生

毕业图像采集信息（学信网）	无	毕业生登记表	无（点击可网上填写）

图 8－17　个人基本信息

8.2　毕业资料

毕业资料包括毕业生图像采集、毕业生登记表。毕业生图像采集的照片用于制作毕业证书。毕业生登记表为电子版，毕业时应打印并放入学生档案袋中保存。

1. 毕业生登记表

毕业生登记表由毕业生本人和学院分别填写相关内容，全面并客观记录、评价毕业生在校学习及行为表现。毕业生登记表不仅是毕业生本人在校学习期间的成长记录，也是学院认定其毕业资格的基本依据。毕业生登记表作为毕业生本人个人材料，应归入毕业生个人档案。

（1）填写时间

学生取得学籍 1 年后。

（2）填写要求

学生首先需要对个人信息进行核对，主要核对信息为：姓名、性别、出生日期、民族、身份证号、报读专业/层次等，核对无误后，再完成自我鉴定填写和提交。

（3）填写步骤

重要提示：建议在电脑端使用 Google Chrome 浏览器进行操作。

第 1 步：登录学院主页，点击“进入教室→个人信息→填写毕业生登记表→进行网上填写”，如图 8－18、图 8－19 所示。

图 8－18　网络教室主页

个人基本信息

返回网络教室

用户名	cq201chengyf	姓名	程[redacted]
民族	汉族	性别	女
职业	其他人员	政治面貌	群众
证件类型	身份证	证件号码	65[redacted]
联系地址	重庆市[redacted]	户口所在地	重庆市[redacted]
邮政编码	400044	单位电话	
家庭电话		移动通信号码	18[redacted]
QQ	—		

原毕业学校	长江师范学院	毕业时间	2014年6月
原毕业层次	本科	原专业	
原毕业证书编码	10[redacted]	是否为国民教育系列	是

批次	201	学习中心	重庆学习中心
层次	专科起点本科*	专业	计算机科学与技术
报名日期	2020-4-8 0:07:54	入学方式	免试
注册日期	2020-4-8 0:07:54	录取日期	2020-4-8 0:07:54
学号	W20104782	当前状态	正式生

毕业图像采集信息（学信网）	无	毕业生登记表	无（点击可网上填写）

图 8－19　个人基本信息

第 2 步：核对个人信息，主要核对信息为：姓名、性别、出生日期、民族、身份证号、报读专业/层次等，核对无误后，点击“下一步”，如图 8－20 所示。

基本资料				
姓名	程	性别	女	
出生日期	1991年07月14日	民族	汉族	
证件类型	身份证	证件号码	65	
政治面貌	群众	职业	其他人员	
联系地址	重庆市	户口所在地	重庆市	
邮政编码	400044	移动通信号码	18	
原毕业学校	长江师范学院	毕业时间	2014 年 6 月	
原层次	本科	原毕业证书编号	10	
学籍信息				
入学批次	201	学习中心	重庆学习中心	
层次	专科起点本科*	专业	计算机科学与技术	
学号	W20104782	注册号	20W131061100003815	

提示：如基本信息有误，请向重庆大学网络教育学院学生管理及服务中心提交修改申请和相关材料。

下一步 已确定资料无误 ›

图 8－20　基本资料

第 3 步：填写自我鉴定，填写完成后点击“提交”。

1）填写学习期间的心得、体会，内容不能复制粘贴，每段顶行不能有空格，填写完成后点击“提交”，如图 8－21 所示。

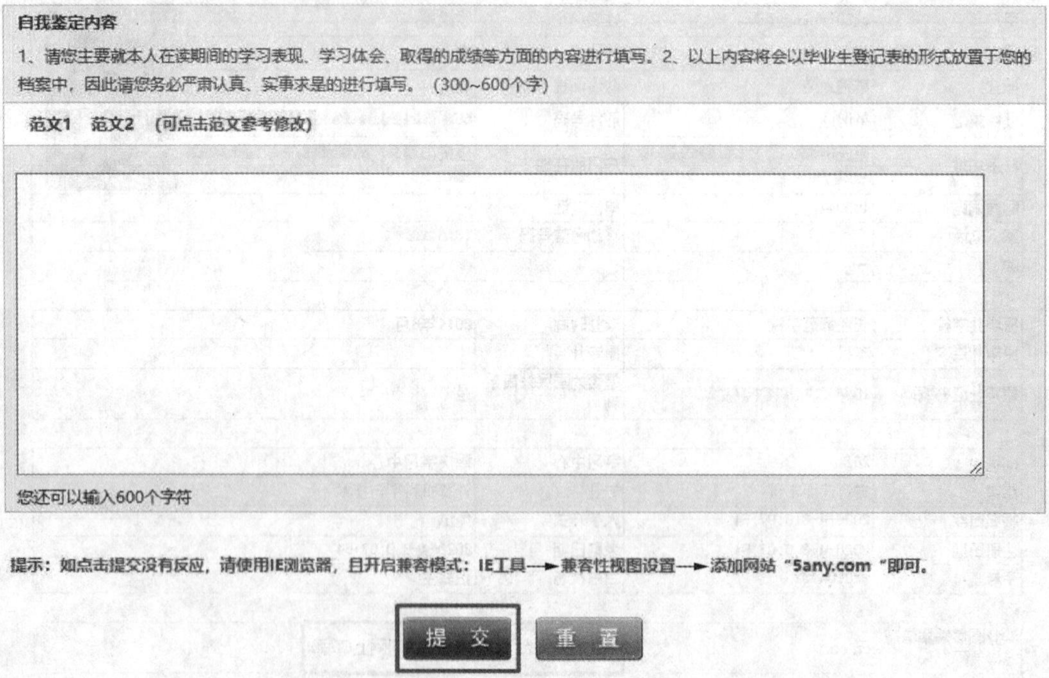

图 8－21　自我鉴定

2）选择范文，可点击范文参考修改，确认内容无误后点击“提交”，如图 8－22 所示。

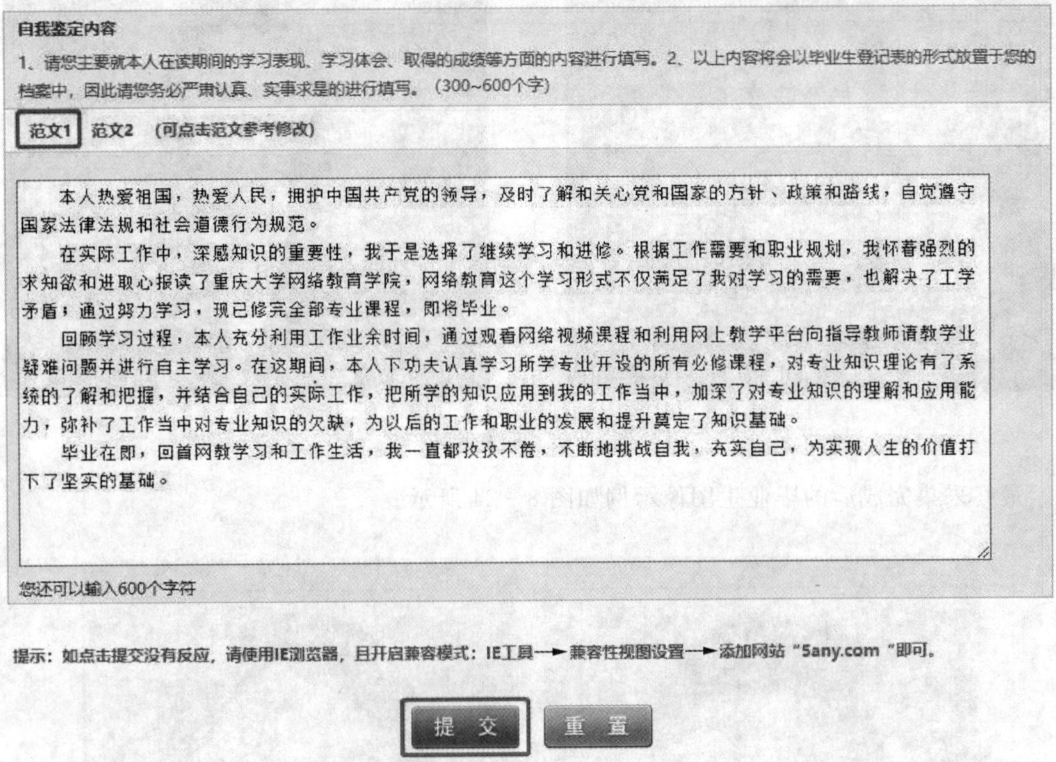
自我鉴定内容

1、请您主要就本人在读期间的学习表现、学习体会、取得的成绩等方面的内容进行填写。2、以上内容将会以毕业生登记表的形式放置于您的档案中，因此请您务必严肃认真、实事求是的进行填写。（300~600个字）

范文1 范文2 （可点击范文参考修改）

本人热爱祖国，热爱人民，拥护中国共产党的领导，及时了解和关心党和国家的方针、政策和路线，自觉遵守国家法律法规和社会道德行为规范。

在实际工作中，深感知识的重要性，我于是选择了继续学习和进修。根据工作需要和职业规划，我怀着强烈的求知欲和进取心报读了重庆大学网络教育学院，网络教育这个学习形式不仅满足了我对学习的需要，也解决了工学矛盾；通过努力学习，现已修完全部专业课程，即将毕业。

回顾学习过程，本人充分利用工作业余时间，通过观看网络视频课程和利用网上教学平台向指导教师请教学业疑难问题并进行自主学习。在这期间，本人下功夫认真学习所学专业开设的所有必修课程，对专业知识理论有了系统的了解和把握，并结合自己的实际工作，把所学的知识应用到我的工作当中，加深了对专业知识的理解和应用能力，弥补了工作当中对专业知识的欠缺，为以后的工作和职业的发展和提升奠定了知识基础。

毕业在即，回首网教学习和工作生活，我一直都孜孜不倦，不断地挑战自我，充实自己，为实现人生的价值打下了坚实的基础。

您还可以输入600个字符

提示：如点击提交没有反应，请使用IE浏览器，且开启兼容模式：IE工具→兼容性视图设置→添加网站“5any.com”即可。

提 交　重 置

图 8－22 自我鉴定

2. 毕业生图像采集

毕业生图像采集由新华社中国图片社主办，图像用于制作毕业证书并与中国高等教育学生信息网（学信网）毕业生电子档案信息保持一致。即将毕业的学生如学信网无毕业生图像采集信息，高校将无法上报学生毕业数据进行学历电子注册，学生就无法毕业。

（1）采集对象

未进行图像采集的学生。

（2）采集要求

1）建议去正规照相馆，要求如图 8－23 所示。

2）应使用本人近期正面免冠彩色电子版照片。

3）应真实表达毕业生本人相貌，不宜过度美颜，不得对人像特征（如伤疤、痣、发型等）进行技术处理。

4）人物坐姿端正，表情自然，双眼睁开并平视，双耳对称，左右肩膀平衡，背景均匀无渐变，不得有阴影、其他人或物体。

5）背景颜色建议选用浅蓝色，参考值为：RGB<100，197，255。

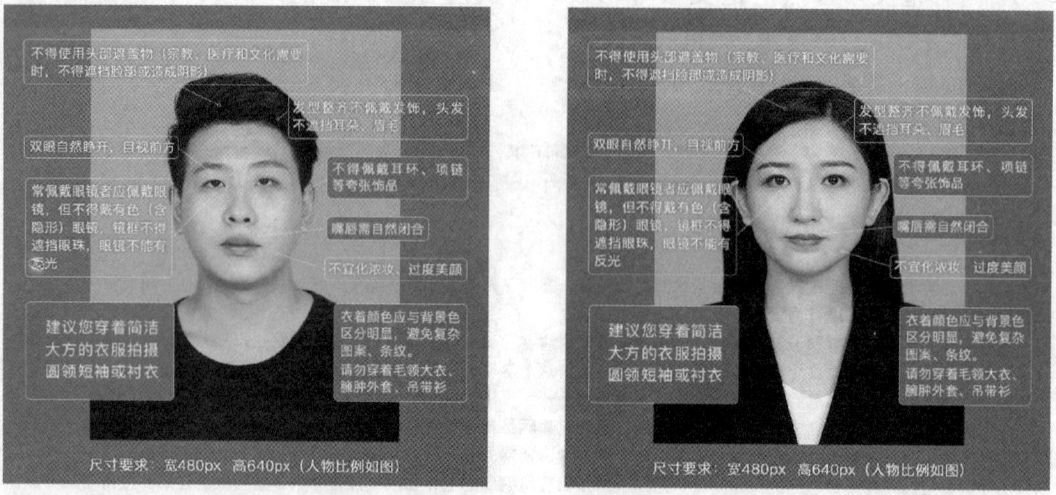

图 8－23　采集要求

最终采集完成后的毕业生图像示例如图 8－24 所示。

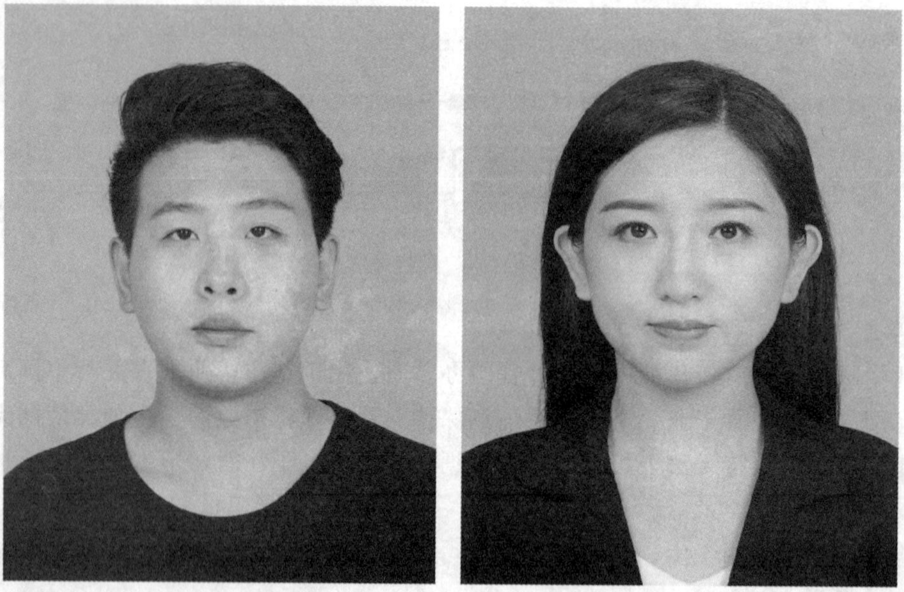

图 8－24　图像示例

照片拍摄完成后进入图像采集流程，整个流程大约需要一周的时间。请密切关注各个审核环节是否通过，如未通过，请按要求进行修改后重新采集。

（3）采集步骤

第 1 步：授权登录

打开微信使用“扫一扫”扫描以下二维码，点击“立即进入”，授权后即可成功登录，如图 8－25、图 8－26 所示。

图 8 - 25　采集二维码

图 8 - 26　图像采集主页

第 2 步：身份认证

点击“立即认证”，进入“身份证认证”界面，上传身份证人像面。输入姓名、身份证号，上传身份证人像面、国徽面，确认无误后勾选“请确认已阅读《用户隐秘协议》”，点击“提交”，如图 8 - 27 所示。

图 8 - 27　身份认证

第 3 步：关联学籍

待系统确认学生身份信息无误后将自动关联学籍。点击“进入采集”，无须点击“手动关联学籍”，如图 8－28 所示。

如身份认证后未识别到本人学籍信息，则需要点击“手动关联学籍”进行学籍关联，待正确填写学籍信息后点击“确定”，如图 8－29 所示。

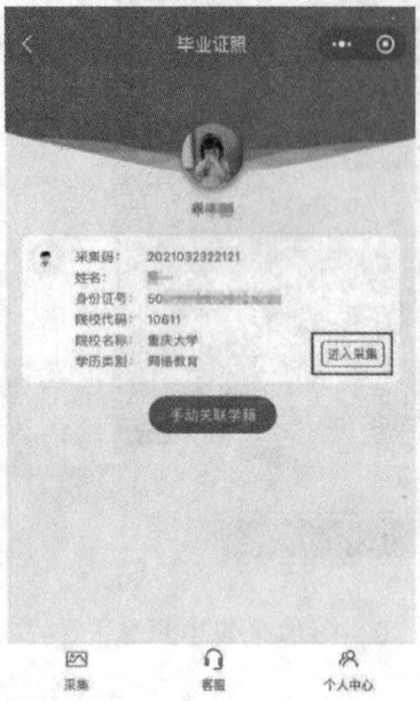

图 8－28　自动关联学籍

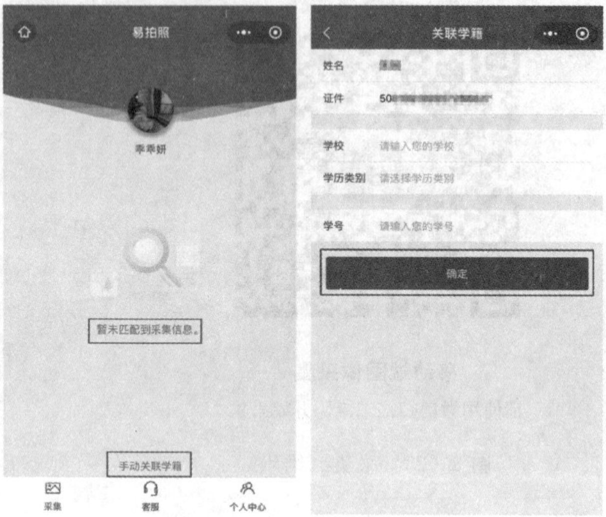

图 8－29　手动关联学籍

关联后，系统将匹配出学生的学籍信息，点击“进入采集”继续操作，如图 8－30 所示。

第 4 步：支付服务费

查看拍照示例，确认采集详情无误后，点击“拍照/上传”进入支付界面“立即支付”，如图 8－31 所示。

图 8－30　进入采集界面

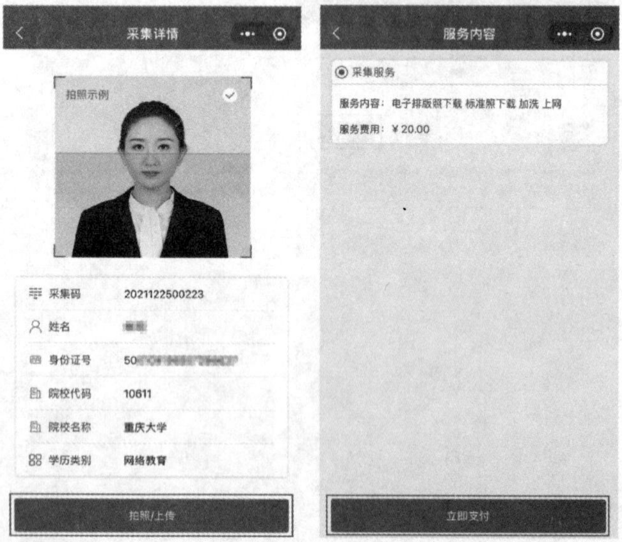

图 8－31　支付服务费

第 5 步：上传照片

支付成功后进入拍照上传界面，点击“从相册中选取”，选取之前已经拍摄好的照片进行“上传”，如图 8－32 所示。请勿使用“拍照”进行自拍。

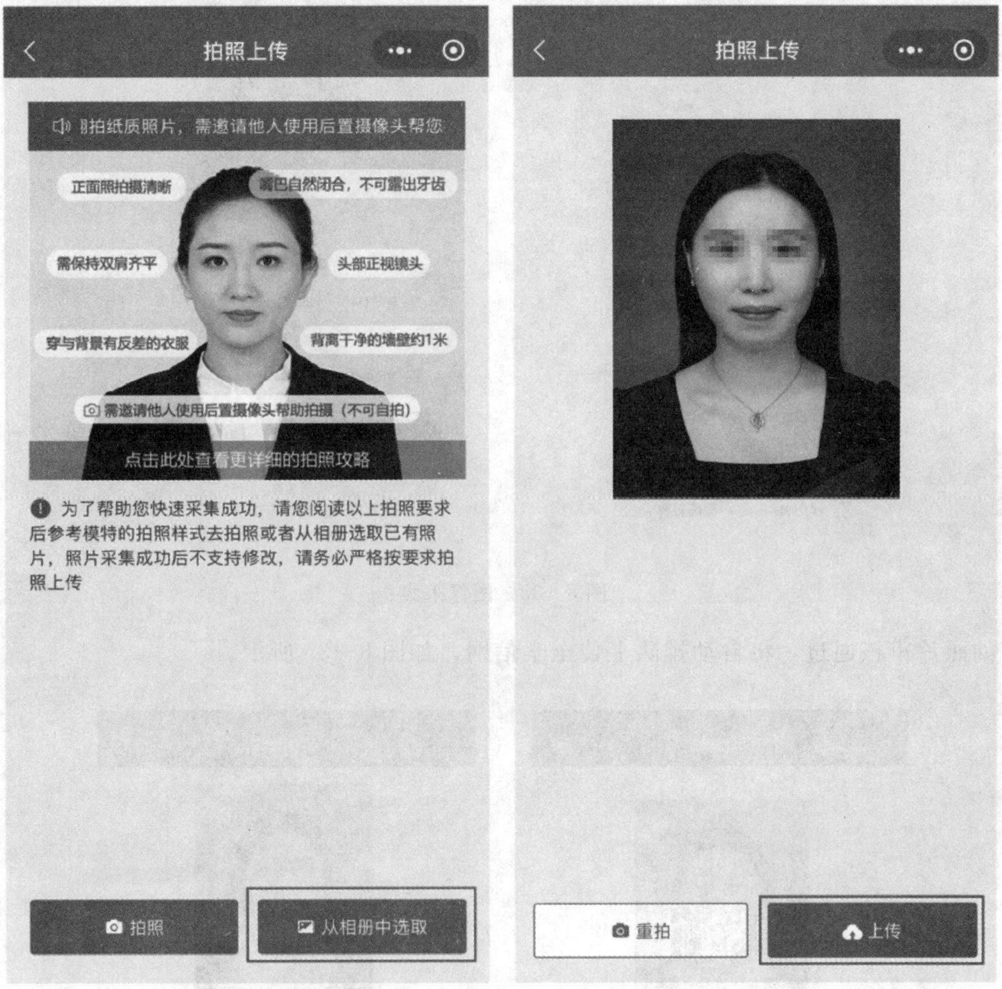

图 8－32　上传照片

第 6 步：照片标准化处理

照片上传后，系统将进行照片标准化处理并显示最终采集详情。再次确认无误后点击“上传等待审核”，如图 8－33 所示。

重要提示：照片标准化处理后如有衣服或者身体染色，可以先提交审核并联系客服处理，次日再查看照片处理情况。

第 7 步：照片审核

照片审核需要两个工作日左右，一旦通过审核将不支持修改信息或更换照片。如学生在审核通过前，发现信息有误或想更换照片，可联系客服处理，如图 8－34 所示。

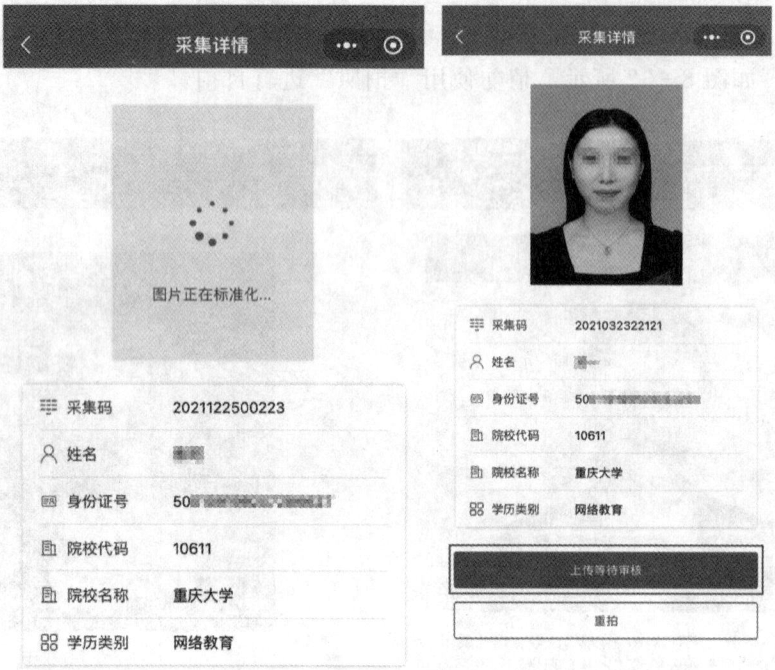

图 8 - 33　图像采集

如照片审核通过，将自动排队上传至学信网，如图 8 - 35 所示。

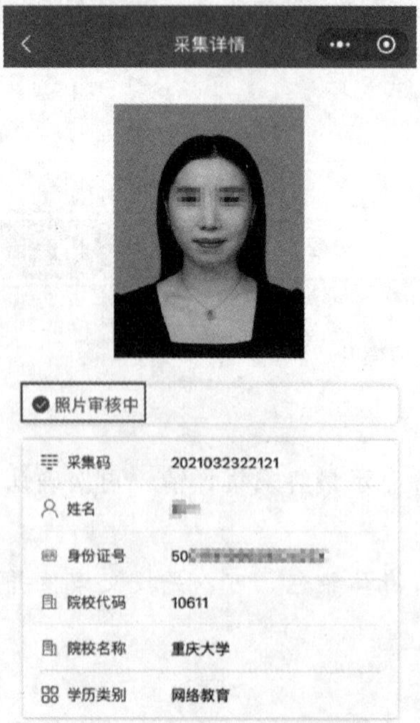

图 8 - 34　照片审核中

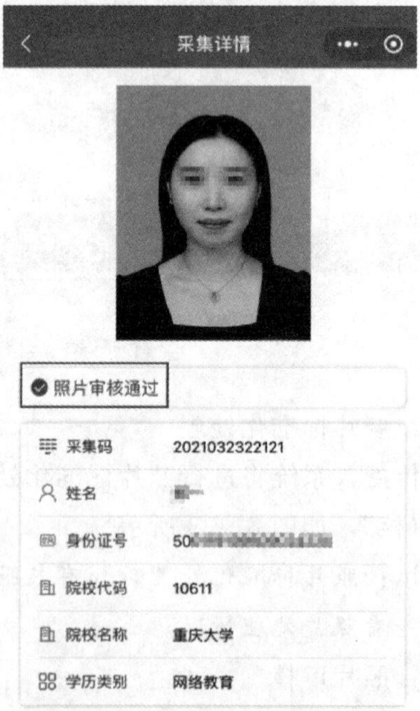

图 8 - 35　照片审核通过

如照片审核失败，请查看审核未通过原因，按要求“重拍”上传。重拍上传不需要重复付费，如图 8－36 所示。

第 8 步：确认上网成功

审核通过后两个工作日左右的时间显示为“上网成功”，如图 8－37 所示。

图 8－36　照片审核失败

图 8－37　上网成功

第 9 步：学信网图像校对

上网成功后，登录学信网（https：//www. chsi. com. cn/）注册账户进行图像校对。已注册学生，直接登录即可，如图 8－38 所示。

图 8－38　学信网主页

登录成功后，进入“学信档案”或“图像校对”，点击“毕业证书图像校对”或“校对本人学历照片”进行校对，如图 8－39、图 8－40 所示。

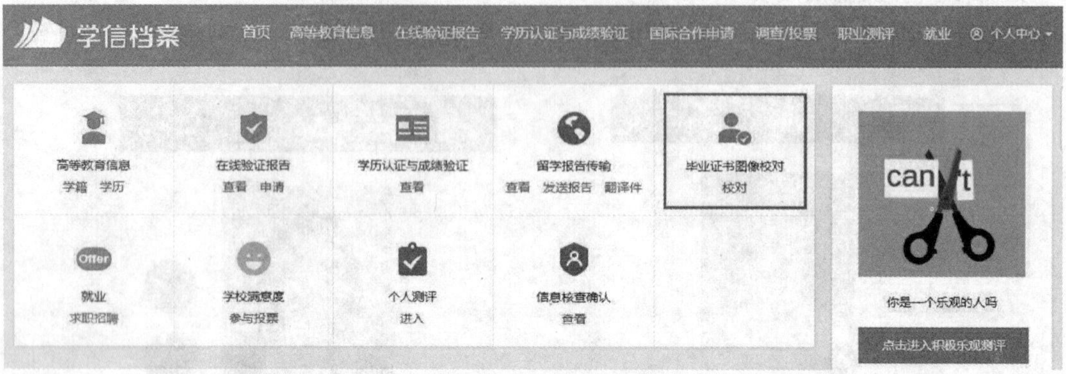

图 8－39　学信档案主页

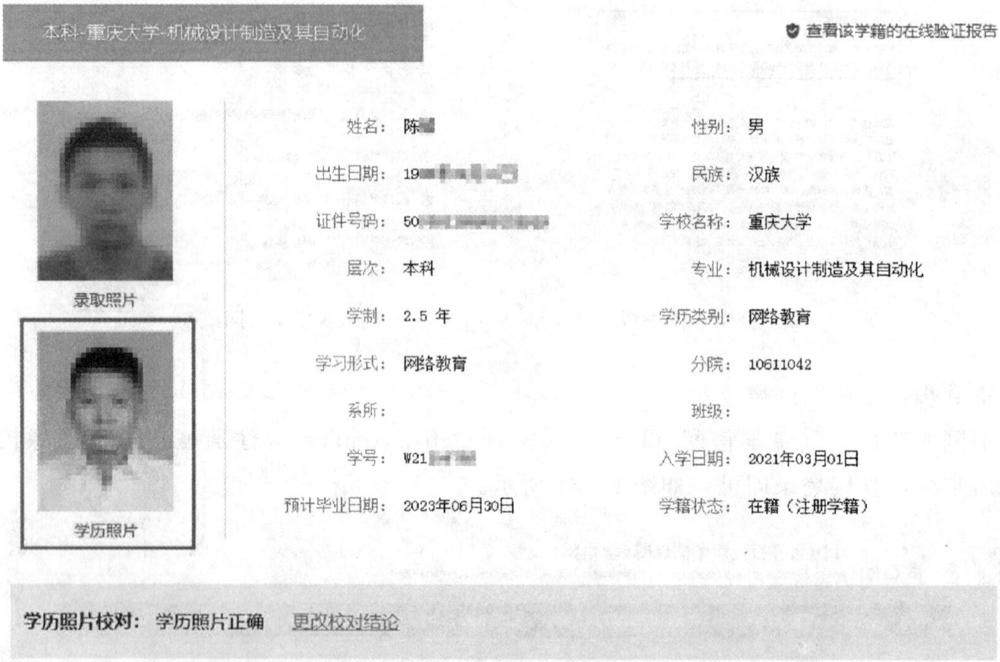

图 8－40　图像核对

8.3　延缓毕业

专升本学生在有效修业年限内，符合毕业条件但因毕业设计（论文）成绩和统考英语成绩不符合学位申请条件暂不需要毕业的学生，可在当季学院毕业工作启动后申请延缓毕业。

延缓毕业流程：

第 1 步：学生通过网上提交延缓毕业申请。

登录学院主页，点击“进入教室→快捷通道→延缓毕业申请”，填写延缓毕业的原因，点击“确定”，如图 8－41 所示。

第 2 步：学习中心对学生提交的延缓毕业申请初步审核并与学生沟通确认。

第 3 步：学院审核学生延缓毕业申请。

第 4 步：学院通知所属学习中心学生延缓毕业的办理结果，经学习中心查询确认后，再通知学生本人核查办理结果。

图 8－41　延缓毕业申请

8.4　毕业证领取时间

毕业证每年发放两次，分别在 2 月下旬和 8 月下旬，2 月下旬发放的毕业证落款时间是 1 月 30 日，8 月下旬发放的毕业证落款时间是 7 月 1 日。

符合毕业条件的学生可发放毕业证和毕业档案。毕业证包含毕业证外壳和内芯，如图 8－42、图 8－43 所示。毕业档案包含报名登记表、成绩单和毕业生登记表，如图 8－44 所示。

图 8－42　毕业证

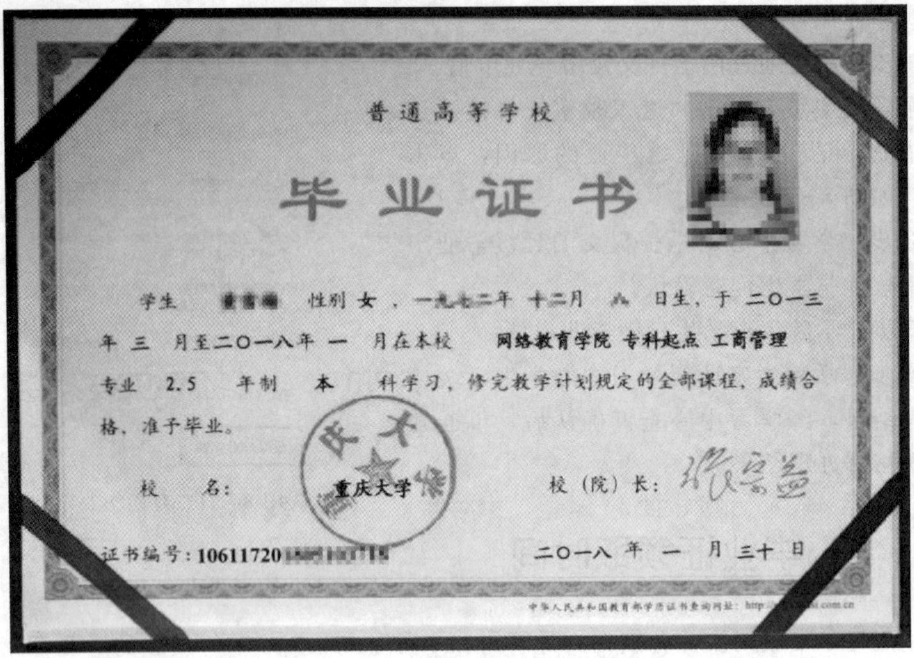

图 8－43　毕业证

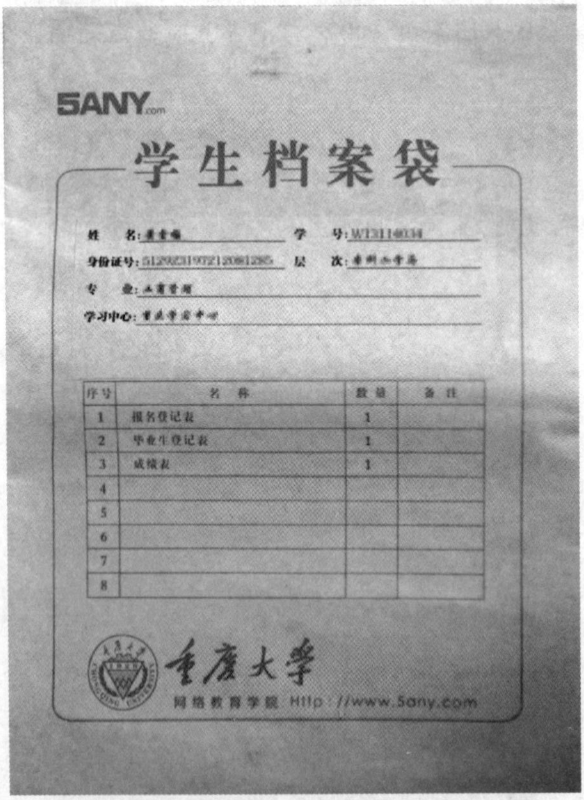

图 8－44　毕业档案

毕业证和毕业档案发至学生所属学习中心后，学生可到所属学习中心联系领取。

重要提示：

（1）毕业证遗失或损毁不可补办，请学生务必妥善保管。

（2）本院是网络教育，属于成人学历教育中的一种，毕业档案只是学生在我院就读阶段的学籍学历档案，非人事档案。档案袋密封，请学生切勿擅自拆封。

第9章 关于学位

9.1 学位申请

根据《重庆大学网络教育学院本科毕业生学士学位授予工作实施细则》的相关规定，凡学院本科毕业生符合学位授予条件者，可申请授予相应学科的高等学历继续教育学士学位。

1. 学位申请条件

获得本科毕业证书且同时满足以下三个条件者，可申请授予学士学位，见表9-1所列。

表9-1 学士学位申请条件

申请条件	条件分类	申请条件具体内容
条件一	课程成绩	在籍期间，课程平均成绩70分及以上
条件二	毕业论文	在籍期间，毕业设计（论文）经过学校论文查重系统检测，达到规定要求后，参加学院组织的答辩，且答辩成绩（即总成绩）达到良好及以上
条件三	英语水平考核（满足任一条件即可）	1. 在籍期间，参加全国高校网络教育考试委员会组织的大学英语全国统一考试成绩80分及以上者
		2. 参加各省（自治区/直辖市）学位办统一组织的成人学士学位英语水平考试成绩合格者
		3. 参加全国高等教育自学考试英语（二）考试成绩合格者
		4. 已获得全国公共英语等级考试（PETS）三级及以上合格证书者或全国公共英语等级考试（PETS）三级以上（笔试部分）考试成绩大于等于60分者
		5. 参加全国大学英语四级及以上考试且成绩达到425分及以上，并通过全国大学英语四、六级考试委员会办公室成绩核查者（2005年6月后才能核查）
		6. 已获得国家承认的学士学位及以上学位者

2. 学位申请年限

以本科毕业证书落款时间为基准三年内可申请学位。超过规定申请期限的学生将失去申请资格，学院不再受理学位申请。

3. 学位申请时间

学位申请每年受理两次，分别为 5 月和 11 月，由学生本人在学院规定时间内提出学位申请，过时不予受理。学生可在每年的 5 月和 11 月关注学院公告。

4. 学位申请流程

第 1 步：在平台查询本人是否符合学位申请条件，如图 9－1、图 9－2 所示。

图 9－1　学位申请条件查询

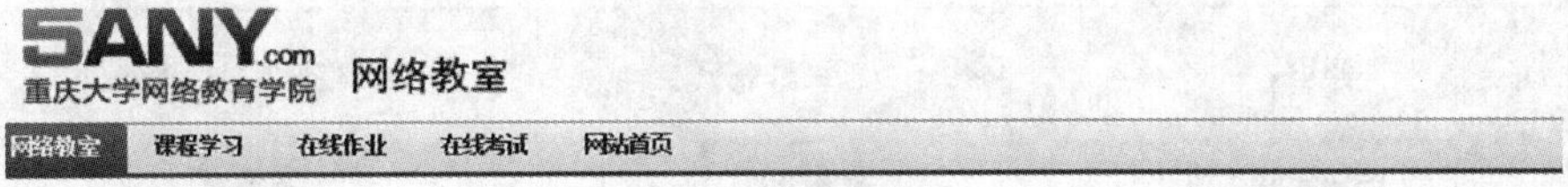

学生学位情况

当前学位批次：202102

姓名：秦　学号：W1　证件号：52　所属学习中心：重庆学习中心

毕业证书编号：106　毕业落款日期：2020-01-30

类别	您当前情况	是否符合学位申请条件
申请年限	三年内	符合
课程平均分	93.45	符合
答辩方式	学院组织的答辩	符合
毕业论文(设计)成绩	良好	
学位英语成绩	无（申请免试）	不符合

说明：红色表示不满足学位申请条件。如有问题，请及时联系学习中心或网院。

图 9－2　学位申请条件查询

第 2 步：如学生符合学位申请条件，审核状态为：“等待审核”，则学生无须进行任何操作，自动进入学位申请流程，如图 9－3 所示。

学生学位情况

当前学位批次：202102　审核状态：等待审核

姓名：潘　学号：W1　证件号：50　所属学习中心：重庆学习中心

毕业证书编号：10　毕业落款日期：2021-07-01

类别	您当前情况	是否符合学位申请条件
申请年限	三年内	符合
课程平均分	91.00	符合
答辩方式	学院组织的答辩	符合
毕业论文(设计)成绩	良好	
学位英语成绩	免试	符合

说明：红色表示不满足学位申请条件。如有问题，请及时联系学习中心或网院。

图 9－3　学位申请条件查询

第 3 步：如学生不符合学位申请条件，分为以下四种情况。

情况 1：申请年限不符合

本科毕业生取得毕业证书后，以毕业证书落款时间为基准三年内申请学位有效，超过年限将不再受理学位申请，如图 9－4 所示。

学生学位情况

当前学位批次：202102

姓名：李[redacted]　学号：W1[redacted]　证件号：51[redacted]　所属学习中心：重庆学习中心

毕业证书编号：10[redacted]　毕业落款日期：2014-01-11

类别	您当前情况	是否符合学位申请条件
申请年限	超年限	不符合
课程平均分	75.80	符合
答辩方式	学院组织的答辩	符合
毕业论文(设计)成绩	良好	
学位英语成绩	免试	符合

说明：红色表示不满足学位申请条件。如有问题，请及时联系学习中心或网院。

图 9－4　学位申请条件查询

情况 2：课程平均分不符合

本科毕业生取得毕业证书后，课程平均分未达到 70 分及以上则不满足学位申请条件，不能申请学位，如图 9－5 所示。

学生学位情况

当前学位批次：202102

姓名：李[redacted]　学号：W1[redacted]　证件号：51[redacted]　所属学习中心：重庆学习中心

毕业证书编号：10[redacted]　毕业落款日期：2014-01-11

类别	您当前情况	是否符合学位申请条件
申请年限	三年内	符合
课程平均分	68.00	不符合
答辩方式	学院组织的答辩	符合
毕业论文(设计)成绩	良好	
学位英语成绩	免试	符合

说明：红色表示不满足学位申请条件。如有问题，请及时联系学习中心或网院。

图 9－5　学位申请条件查询

情况 3：毕业设计（论文）成绩不符合

本科毕业生取得毕业证书后，毕业设计（论文）未参加学院组织的答辩且成绩未达到“良好”则不满足学位申请条件，不能申请学位，如图 9－6 所示。

学生学位情况

当前学位批次：202102

姓名：李[redacted]　学号：W1[redacted]　证件号：51[redacted]　所属学习中心：重庆学习中心

毕业证书编号：10[redacted]　毕业落款日期：2014-01-11

类别	您当前情况	是否符合学位申请条件
申请年限	三年内	符合
课程平均分	90.55	符合
答辩方式	未参加学院组织的答辩	不符合
毕业论文(设计)成绩	中等	
学位英语成绩	免试	符合

说明：红色表示不满足学位申请条件。如有问题，请及时联系学习中心或网院。

图 9－6　学位申请条件查询

情况 4：学位英语成绩不符合

本科毕业生取得毕业证书后，毕业证书落款时间三年有效期内申请学士学位，且其他两项成绩都已满足学位申请条件，但学位英语成绩显示“无”，则需要提交学位英语免试申请材料，如图 9－7 所示。

学生学位情况

当前学位批次：202102

姓名：秦[redacted]　学号：W1[redacted]　证件号：52[redacted]　所属学习中心：重庆学习中心

毕业证书编号：10[redacted]　毕业落款日期：2020-01-30

类别	您当前情况	是否符合学位申请条件
申请年限	三年内	符合
课程平均分	93.45	符合
答辩方式	学院组织的答辩	符合
毕业论文(设计)成绩	良好	
学位英语成绩	无（申请免试）	不符合

说明：红色表示不满足学位申请条件。如有问题，请及时联系学习中心或网院。

图 9－7　学位申请条件查询

点击“申请免试”进入学位英语免试申请页面，选择免试原因，上传免试材料，如图 9－8 所示。

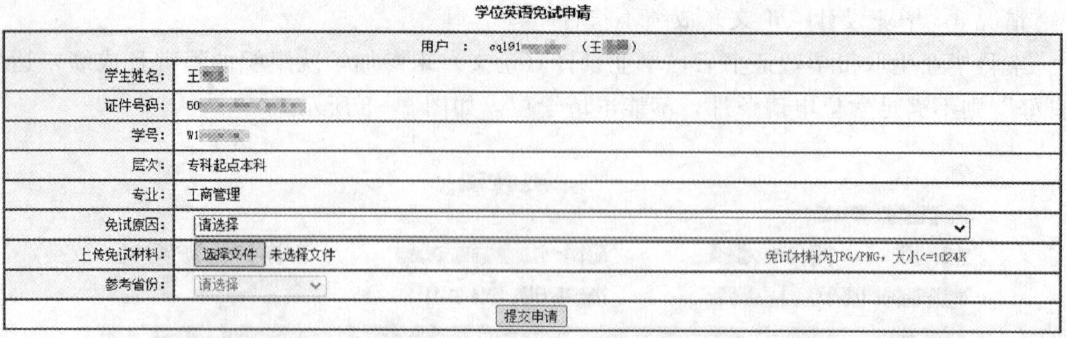

图 9－8 学位英语免试申请

凡具备下列六项条件中任意一项的学生可提交英语免试申请材料。

（1）毕业后参加统考英语且成绩大于等于 80 分者，请上传统考英语成绩截图。

（2）已获得国家承认的学士学位及以上学位者，请上传学士学位证书电子版。

（3）已获得全国公共英语等级考试（PETS）三级及以上合格证书者，或全国公共英语等级考试（PETS）三级以上（笔试部分）考试成绩大于等于 60 分者，请上传相关证书电子版。

（4）参加全国大学英语四级及以上考试且成绩大于等于 425 分，并通过全国大学英语四、六级考试委员会办公室成绩核查者，请上传相关证书电子版。

（5）参加各省（自治区/直辖市）学位委员会办公室统一组织的成人学士学位英语水平考试成绩合格者，请上传成绩截图或相关证书电子版。

（6）参加全国高等教育自学考试英语（二）考试成绩合格者，请上传成绩单电子版。

重要提示：

（1）免试原因为全国公共英语等级考试（PETS）三级及以上合格（60 分以上）的，需填写参考省份。

（2）以上操作完成后，进入学位审核流程，等待相关部门审核通过，下发学位证书。

9.2 学位证领取时间

学位证每年发放两次，分别在 2 月下旬和 8 月下旬，见表 9－2 所列。

表 9－2 学位证申请及领取时间

申请学位时间	领取学位证时间
5 月	8 月下旬
11 月	次年 2 月下旬

学位证书可以在“中国学位与研究生教育信息网”（http：//www.chinadegrees.cn/）查询。进入网站后，点击“学位查询”，按照提示注册登录后即可查询。

重要提示：我院授予的学士学位有两种，分别为管理学学士和工学学士，如图 9－9、图 9－10 所示。

图 9 - 9　学位证

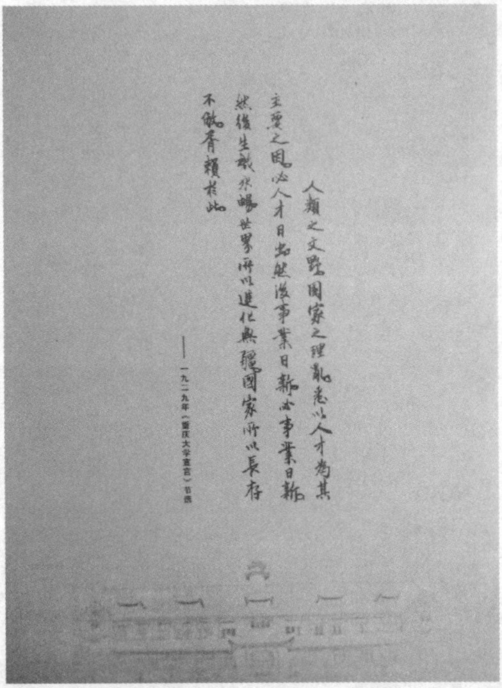

图 9 - 10　学位证

各专业对应学位授予类别见表 9－3 所列。

表 9－3　各专业对应学位授予类别

序号	授位专业名称	授予学位名称
1	市场营销	管理学学士
2	会计学	管理学学士
3	工商管理	管理学学士
4	公共事业管理	管理学学士
5	房地产开发与管理	管理学学士
6	计算机科学与技术	工学学士
7	土木工程	工学学士
8	工程管理	工学学士
9	工程造价	工学学士
10	机械设计制造及其自动化	工学学士
11	安全工程	工学学士
12	采矿工程	工学学士
13	电气工程及其自动化	工学学士

附 录

网络教育学习概论（Ⅰ）试题文档

一、判断题（共 25 题）

1. 学生可以在网络教室“教学公告”栏目中，查看学院最新的教学活动通知，还可以在“学习中心公告”栏目中，查看所属学习中心的学习活动通告。

参考答案：√

2. 课程论坛的作用是学生在学习过程中，遇到疑难点，可以通过课程论坛与老师和同学进行交流。

参考答案：√

3. “在线作业”需要提交纸质的作业。

参考答案：×

4. 只要修满 80 学分就可以毕业。

参考答案：×

5. 学生在有效的修业年限内，符合毕业条件但因其他原因暂不需要毕业的学生，可在当季学院毕业工作启动后申请延缓毕业。

参考答案：√

6. “网络教育学习概论（Ⅰ）”课程无作业，学习过程不记成绩，直接以考试成绩作为该门课程的成绩。

参考答案：√

7. 现场考试课程可以不用预约，直接参加学院组织的现场考试。

参考答案：×

8. 学生可以在网络教室的“课程论坛”中参与课程学习讨论。

参考答案：√

9. 重庆大学是国家“985 工程”“211 工程”和“双一流”重点建设的大学。

参考答案：√

10. 登录网站学习的要求必须使用 Windows 7 及以上系统，系统自带的 IE9 及以上版本浏览器。

参考答案：×

11. 从 191 入学批次开始，每门课程有三次考试机会，三次考试（含缺考）均不合格，须进行课程重修；重修课程须缴纳相应学分的学费，教学要求与正常修课相同。

参考答案：√

12. 各门课程的学习资料可以在“练习库”里查找。

参考答案：√

13. 毕业不需要申请，当季毕业工作启动后，符合毕业条件的学生，系统自动将其加入毕业管理系统。

参考答案：√

14. 学生学籍注册满一年后，可通过登录学院主页，点击“进入教室→个人信息→填写毕业生登记表”，核对个人信息及填写、提交毕业生登记表。

参考答案：√

15. 参加网上考试，如果考试成绩不及格，可以像做作业一样立即重做。

参考答案：×

16. 关于学院课程考试，学生只需要完成专业教学计划规定的网上考试。

参考答案：×

17. 登录学院主页，点击“进入教室→快捷通道→本专业教学计划”，考试场次为“0”的即为网上考试课程。

参考答案：√

18. 毕业证丢失不予补发。如毕业证书遗失，可申请办理“毕业证明书”。

参考答案：√

19. 在学院规定考试预约时间结束后，不能对已预约的课程进行操作取消。若预约后未参加考试，该门课程成绩将记为“缺考”。

参考答案：√

20. 从 191 入学批次开始，网上考试成绩占总成绩的 60%。

参考答案：√

21. 下载“移动教室”App 后，可以使用手机或平板电脑进行课程学习。

参考答案：√

22. 学生在学习过程中，若手机号码有变化，应及时在平台上修改个人手机号码，并及时告知学习中心老师。

参考答案：√

23. 关于学院课程考试，学生必须完成专业教学计划规定的网上考试和现场考试。

参考答案：√

24. 如该门课程，学生之前做过三套作业但没有参加考试，新的作业出现后必须重做。

参考答案：×

25. 我院的毕业证书是在教育部注册的，可以在学信网（www.chsi.com.cn）上查询，是国家认可的学历。

参考答案：√

二、多项选择题（共13题）

1. 下列关于作业重做的说法，正确的有(　　)。

A. 作业不能重做

B. 作业可以重做，但要在老师批改后才能重做

C. 作业可以重做，每套作业若得分小于70分有1次重做的机会

D. 作业可以重做，点击重做只能重做之前答错的题目

参考答案：BCD

2. 下列关于提交作业的说法，正确的有(　　)。

A. 作业做完后必须马上提交

B. 作业只需要在截止时间之前提交即可

C. 一次没有做完的作业无法保存

D. 一次没有做完可以先保存，下次登录后可以继续答题

参考答案：BD

3. 下列操作系统中，可以正常进行学习的有(　　)。

A. Windows 10　　B. Windows 11　　C. Windows XP　　D. Mac OS

参考答案：AB

4. 从191入学批次开始，每门课程成绩由(　　)三项成绩按比例合成，满分为100分，及格为60分。

A. 学习过程成绩（10%）　　B. 作业成绩（30%）

C. 考试卷面成绩（60%）　　D. 其他成绩

参考答案：ABC

5. 课程考试主要采取哪几种方式(　　)。

A. 集中笔试　　B. 考查　　C. 网上考试　　D. 作业

参考答案：AC

6. 参加网上考试，在答题时间内，若未能一次性完成题目，再次进入答题界面后，可(　　)；全部完成后，检查无误，可点击(　　)按钮提交网上考试。

A. 继续答题　　B. 提交考试　　C. 保存作业　　D. 提交作业

参考答案：AB

7. 毕业生图像采集可以通过以下三种方式(　　)（任选其一即可）完成。

A. 学习中心统一组织的毕业图像信息采集

B. 学生自行通过微信公众号“毕业生图像采集”进行图像采集

C. 学生自行在“大学生图像信息采集网”上完成图像采集

D. 新生报名时采集身份证上的图像信息

参考答案：ABC

8. 网络教育是一种新型的教学模式，学习的方法是(　　)。

A. 了解专业教学计划，制订个人学习计划

B. 合理安排时间，合理控制进度

C. 浏览就读学院网站，熟悉网络相关操作

D. 多看课件、多做练习，及时评价学习效果

E. 积极参加学习活动，有效使用各种学习途径

F. 搜索相关网站，收集学习资料

参考答案：ABCDEF

9. 毕业后有毕业生档案，里面装有(　　)。

A. 报名登记表　　B. 成绩单　　C. 毕业生登记表　　D. 录取通知书

参考答案：ABC

10. 关于学分，以下说法正确的有(　　)。

A. 我院高中起点专科学生应修最低学分为 80 分

B. 我院每门课程所对应的学分大致为 3～5 学分

C. 学习完一门课并经考核取得合格成绩，即可获得该门课程的学分

D. 我院高中起点专科学生应修最低学分为 60 分

参考答案：ABC

11. 取得网络教育学籍的学生，在规定修业年限内，符合(　　)条件，可取得相应层次及专业毕业证书。

A. 完成所学专业教学计划公共基础课、专业必修课及选修课所规定的学分

B. 本科层次学生须完成毕业设计（论文）规定的学分

C. 本科层次学生须完成网考委组织的部分公共基础课程全国统一考试，且成绩合格或通过免统考审核

D. 完成“毕业生登记表”中毕业自我鉴定填写

E. 完成教育部规定的图像信息采集

参考答案：ABCDE

12. 学生在有效的修业年限内，符合毕业条件但因其他原因暂不需要毕业的学生，可在当季学院毕业工作启动后申请延缓毕业。延缓毕业流程为（　　）。

A. 学生通过网上提交延缓毕业申请

B. 学习中心对学生提交的延缓毕业申请初步审核并与学生沟通确认

C. 学院审核通过学生延缓毕业申请

D. 学院通知学习中心办理结果，学习中心查询确认，并通知学生本人核查办理结果

参考答案：ABCD

13. 关于直播教学下列提法中，正确的是（　　）。

A. 点击“进入教室”→“课程直播教学”，可进入“直播教学”界面

B. 老师对课程重点、难点进行在线讲解

C. 学生可根据学院公告通知的时间参加相应课程的直播教学

D. 如错过实时直播教学可以在结束后观看视频

参考答案：ABCD

三、单项选择题（共 34 题）

1. 按照教育部规定，网络教育学生最短学习时间是（　　）。

A. 1.5 年　　B. 2 年　　C. 3 年　　D. 2.5 年

参考答案：D

2. 在学习过程中，遇到疑难点，可以通过下列哪种途径与老师或同学进行交流（　　）。

A. 观看课件　　B. 课程论坛　　C. 在线作业　　D. 下载中心

参考答案：B

3. 学生学习过程成绩占课程总成绩的（　　）。

A. 10%　　B. 20%　　C. 5%　　D. 30%

参考答案：A

4. 学生在网络教室里点击“观看课件”进行课程学习，其中（　　）可以查看某门课程的学习进度。

A. 教学大纲　　B. 课程介绍　　C. 查看学习情况　　D. 讨论区

参考答案：C

5. 网上考试一般开通（　　），开通期间可以完成网上考试。

A. 14 天　　B. 20 天　　C. 25 天　　D. 8 天

参考答案：A

6. 网上考试一次最多可以考(　　)。

A. 1门　　B. 6门　　C. 7门　　D. 12门

参考答案：D

7. 在重庆大学网络教育学院主页上，学生开始学习时，需点击(　　)。

A. 教师平台　　B. 管理平台　　C. 进入教室　　D. 课程论坛

参考答案：C

8. 点击“开始学习”进行课程学习，其中观看视频学习，每学习完成1个不同视频可获得(　　)分。

A. 1　　B. 2　　C. 0.5　　D. 3

参考答案：C

9. 学生最低首付学费为(　　)。

A. 40学分学费　　B. 50学分学费

C. 60学分学费　　D. 任意学分学费

参考答案：A

10. 学生个人信息核对中，若发现姓名、性别、身份证号码、专业、照片等相关信息有误，应及时联系(　　)进行修改。

A. 教务老师　　B. 所属学习中心老师

C. 招生老师　　D. 财务老师

参考答案：B

11. 课程成绩一般在考试结束(　　)后发布，登录学院主页，点击“进入教室→快捷通道→历次考试成绩查询”，查看对应考试批次成绩。

A. 15天　　B. 30天　　C. 10天　　D. 20天

参考答案：B

12. 从191入学批次开始，课程学习过程成绩达到(　　)分及以上，且完成对应课程三套作业并提交后，才能在学院规定的时间预约考试，预约成功后才能参加现场考试。

A. 2　　B. 3　　C. 4　　D. 5

参考答案：D

13. 下列关于作业成绩的说法，正确的是(　　)。

A. 作业成绩占了课程总成绩的5%

B. 作业成绩占了课程总成绩的10%

C. 作业成绩占了课程总成绩的30%

D. 作业成绩占了课程总成绩的60%

参考答案：C

14. 重庆大学网络教育学院全国咨询电话( )。

A. 023-65127312 B. 023-65127316

C. 023-65127601 D. 023-65127310

参考答案：D

15. 考试预约结束( )天后，可以登录学院主页，点击“进入教室”→“考试”→“打印准考证”下载、打印准考证，可查到考试课程、时间、教室号、座位号等信息。

A. 15 B. 5 C. 10 D. 20

参考答案：A

16. 学生进入网络教室，然后点击“本人电话号码”后的图标，可以修改的信息有( )。

A. 职业、联系地址、政治面貌、移动通信号码、邮箱

B. 姓名、联系地址、政治面貌、移动通信号码、邮箱

C. 民族、联系地址、政治面貌、移动通信号码、邮箱

D. 证件号、联系地址、政治面貌、移动通信号码、邮箱

参考答案：A

17. 学生在网络教室的( )可以查看已学课程和在学课程。

A. 在线作业 B. 统考复习 C. 数字图书馆 D. 课程

参考答案：D

18. 在完成作业时，下列题型需要老师人工批改后才会出成绩的是( )。

A. 客观题 B. 主观题 C. 单选题 D. 判断题

参考答案：B

19. 学生可以从课程中的( )了解课程教师信息。

A. 学习内容 B. 教学大纲 C. 教师简介 D. 课程介绍

参考答案：C

20. 在( )里可查看到该课程的考试内容和考试要求。

A. 课程介绍 B. 教师简介 C. 教学大纲 D. 考试大纲

参考答案：D

21. 学习时间满( )后，学生可填写“毕业生登记表”。

A. 1.5 年 B. 2 年 C. 2.5 年 D. 1 年

参考答案：D

22. 课程成绩一般在考试结束一个月后发布，登录( )可查看对应考试批次成绩。

A. 学院主页→进入教室→快捷通道→历次考试成绩查询

B. 学院主页→进入教室→快捷通道→作业成绩信息

C. 学院主页→进入教室→快捷通道→平时成绩信息

D. 学院主页→进入教室→快捷通道→统考成绩查询

参考答案：A

23. 从191入学批次开始，参加网上考试的条件为(　　)。

A. 学习过程成绩必须取得5分及以上，且完成三套作业并提交后

B. 网上考试需要预约，学习过程成绩取得5分及以上

C. 完成对应课程三套作业

D. 全部都不是

参考答案：A

24. 从191入学批次开始，每门课程有(　　)次考试机会，若该门课程在规定次数内考试（含缺考）均不合格，课程须重修，重修须缴纳相应学分的学费。

A. 2　　B. 3　　C. 4　　D. 5

参考答案：B

25. 下列浏览器中，能正常进行学习的是(　　)。

A. Google 浏览器　　B. Internet Explorer 9

C. Internet Explorer 10　　D. Internet Explorer 11

参考答案：A

26. 统考报名每次需单独缴纳报名费，具体费用为(　　)。

A. 35元/人·科　　B. 30元/人·科　　C. 40元/人·科　　D. 70元/人·科

参考答案：A

27. 毕业证书发放时间为每年(　　)。

A. 一月下旬和七月下旬　　B. 二月下旬和八月下旬

C. 三月下旬和九月下旬　　D. 四月下旬和十月下旬

参考答案：B

28. 从2019年起学院现场考试，每场考试时间为(　　)。

A. 45分钟　　B. 60分钟　　C. 90分钟　　D. 100分钟

参考答案：B

29. 从2019年开始，课程能否进行考试预约，与(　　)有关。

A. 学生交费时间　　B. 课程开课时间

C. 课程选课时间　　D. 取得学习过程成绩分数及完成作业情况

参考答案：D

30. 点击“开始学习”进行课程学习，其中网页学习，每学习完成1个不同页面可获得(　　)分。

A. 1　　　　B. 2　　　　C. 0. 1　　　　D. 3

参考答案：C

31. 教师与学生的教学互动和协作，不包括(　　)。

A. 面授　　　　B. 直播教学　　　　C. 论坛　　　　D. 网络课程学习

参考答案：A

32. 学生可以在学院规定时间内，通过下列哪种方式与老师进行在线实时交流互动(　　)。

A. 观看课件　　　　B. 在线作业　　　　C. 直播教学　　　　D. 下载中心

参考答案：C

33. 现场考试开始(　　)分钟后，考生不能再进入考室参加考试。

A. 10　　　　B. 20　　　　C. 30　　　　D. 15

参考答案：C

34. 毕业证书每年发放(　　)次。

A. 一　　　　B. 两　　　　C. 三　　　　D. 四

参考答案：B

网络教育学习概论（Ⅱ）试题文档

一、判断题（共40题）

1. 工商管理专业所授予的学位类别是工学学士。

参考答案：×

2. 学生学籍注册满一年后，可通过登录学院主页，点击“进入教室→个人信息→填写毕业生登记表”，核对个人信息及填写、提交毕业生登记表。

参考答案：√

3. 统考未通过，就不能参加学院组织的课程考试。

参考答案：×

4. 已具有国民教育系列本科以上学历（含本科）的学生，可免考全部统考科目。

参考答案：√

5. 关于学院课程考试，学生只需要完成专业教学计划规定的网上考试。

参考答案：×

6. 工程管理、工程造价、房地产开发与管理、工商管理、市场营销、会计学、公共事业管理这几个专业需要完成毕业论文。

参考答案：√

7. 统考报名的网站为：中国远程与继续教育网（http：//cdce. moe. edu. cn）。

参考答案：√

8. 各门课程的学习资料可以在“练习库”里查找。

参考答案：√

9. 课程论坛的作用是学生在学习过程中，遇到疑难点，可以通过课程论坛与老师和同学进行交流。

参考答案：√

10. 土木工程、采矿工程、安全工程、机械设计制造及其自动化、电气工程及其自动化、车辆工程、计算机科学与技术这几个专业需要完成毕业设计。

参考答案：√

11. 从191入学批次开始，每门课程有三次考试机会，三次考试（含缺考）均不合格，须进行课程重修；重修课程须缴纳相应学分的学费，教学要求与正常修课相同。

参考答案：√

12. 专科起点本科的学生即使修满了学分，统考未合格，也能够毕业。

参考答案：×

13. 学生办理统考科目免考手续，需要提交相关证书原件及扫描件，并填写免考申请表交到学习中心，才可以进行申请和办理。

参考答案：×

14. 下载“移动教室”App 后，可以使用手机或平板电脑进行课程学习。

参考答案：√

15. 在学院规定考试预约时间结束后，不能对已预约的课程进行取消操作。若预约后未参加考试，该门课程成绩将记为“缺考”。

参考答案：√

16. 现场考试课程可以不用预约，直接参加学院组织的现场考试。

参考答案：×

17. 参加网上考试，如果考试成绩不及格，可以像做作业一样立即重做。

参考答案：×

18. 关于学院课程考试，学生必须完成专业教学计划规定的网上考试和现场考试。

参考答案：√

19. 毕业设计（论文）答辩的形式分为现场答辩和远程答辩。

参考答案：√

20. 学生可以在网络教室的“课程论坛”中参与课程学习讨论。

参考答案：√

21. “网络教育学习概论（Ⅱ）”课程无作业，学习过程不记成绩，直接以考试成绩作为该门课程的成绩。

参考答案：√

22. 非英语专业学生，户籍（以身份证为准）在界定范围内的少数民族聚居地区的少数民族学生，可免考国家统考科目“大学英语（B）”。

参考答案：√

23. 学生在学习过程中，若手机号码有变化，应及时在平台上修改个人手机号码，并及时告知学习中心老师。

参考答案：√

24. 只要修满 80 学分就可以毕业。

参考答案：×

25. 毕业不需要申请，当季毕业工作启动后，符合毕业条件的学生，系统自动将其加入毕业管理系统。

参考答案：√

26. 毕业设计（论文）成绩及格但未达到申请学位要求者，未毕业前仅有两次重做资格；且从 191 入学批次开始，重做毕业设计（论文）须重新缴纳相应学分的学费。

参考答案：√

27. 统考成绩公布后，考生如果对考试成绩有异议，须在规定时间内，由本人提出书面申请，并附上准考证复印件和身份证复印件交给所属校外学习中心，申请成绩复核。

参考答案：√

28. 如该门课程，学生之前已做过三套作业但没有参加考试，新的作业出现后必须重做。

参考答案：×

29. 统考报名有两种方式：一种是学生直接登录统考网站报名，另一种是学生委托学习中心报名。

参考答案：×

30. 登录学院主页，点击“进入教室→快捷通道→本专业教学计划”，考试场次为“0”的即为网上考试课程。

参考答案：√

31. 学生在有效的修业年限内，符合毕业条件但因其他原因暂不需要毕业的学生，可在当季学院毕业工作启动后申请延缓毕业。

参考答案：√

32. “在线作业”需要提交纸质的作业。

参考答案：×

33. 拟申请学位的同学，在规定的时间内查询本人是否符合申请条件（具体时间请关注学院网站首页右上方“学院公告”里的通知），符合条件者，自动进入审核流程。

参考答案：√

34. 登录网站学习的要求必须使用 Windows 7 及以上系统，系统自带的 IE9 及以上版本浏览器。

参考答案：×

35. 从 191 入学批次开始，毕业设计（论文）重做须重新缴纳相应学分的学费。

参考答案：√

36. 学生可以在网络教室“教学公告”栏目中，查看学院最新的教学活动通知，还可以在“学习中心公告”栏目中，查看到所属学习中心的学习活动通告。

参考答案：√

37. 毕业证丢失不予补发。如毕业证书遗失，可申请办理“毕业证明书”。

参考答案：√

38. 从191入学批次开始，网上考试成绩占总成绩的60%。

参考答案：√

39. 重庆大学是国家“985工程”“211工程”和“双一流”重点建设的大学。

参考答案：√

40. 我院的毕业证书是在教育部注册的，可以在学信网（www.chsi.com.cn）上查询，是国家认可的学历。

参考答案：√

二、多项选择题（共25题）

1. 取得网络教育学籍的学生，在规定修业年限内，符合（　　）条件，可取得相应层次及专业毕业证书。

A. 完成所学专业教学计划公共基础课、专业必修课及选修课所规定的学分

B. 本科层次学生须完成毕业设计（论文）规定的学分

C. 本科层次学生须完成网考委组织的部分公共基础课程全国统一考试，且成绩合格或通过免统考审核

D. 完成“毕业生登记表”中毕业自我鉴定填写

E. 完成教育部规定的毕业生图像信息采集

参考答案：ABCDE

2. 关于学分，以下说法正确的有（　　）。

A. 我院高中起点专科学生应修最低学分为80分

B. 我院每门课程所对应的学分大致为3～5学分

C. 学习完一门课并经考核取得合格成绩，即可获得该门课程的学分

D. 我院高中起点专科学生应修最低学分为60分

参考答案：ABC

3. 获得本科毕业证书，符合（　　）学士学位授予条件，可申请授予学位。

A. 取得学院本科毕业证书，毕业证书落款时间3年内申请的学士学位有效

B. 课程平均成绩70分及以上

C. 毕业设计（论文）经过学校论文查重系统检测，达到规定要求后，参加学院组织的答辩，且总成绩达到良好及以上

D. 参加重庆大学统一组织的高等学历继续教育本科毕业生申请学士学位英语水平测试合格或符合重庆大学高等学历继续教育本科毕业生申请学士学位英语水平测试的免试条件

参考答案：ABCD

4. 具备以下哪些条件者，符合重庆大学高等学历继续教育本科毕业生申请学士学位英语水平测试的免试(　　)。

A. 已获得国家承认的学士学位及以上学位者：在中国学位与研究生教育信息网可查实的有学士学位及以上学位者，或通过教育部学位与研究生教育发展中心认证处认证且可查实的有学士学位及以上学位者

B. 参加全国高校网络教育考试委员会组织的大学英语全国统一考试成绩 80 分及以上者

C. 已获得全国公共英语等级考试（PETS）三级及以上合格证书者或全国公共英语等级考试（PETS）三级以上（笔试部分）考试成绩大于等于 60 分者

D. 参加全国大学英语四级及以上考试成绩达到 425 分及以上，且通过全国大学英语四、六级考试委员会办公室成绩核查者

E. 参加各省（自治区/直辖市）学位委员会办公室统一组织的成人学士学位英语水平考试成绩合格者

F. 参加全国高等教育自学考试英语（二）考试成绩合格者

参考答案：ABCDEF

5. 毕业后的毕业生档案，里面装有(　　)。

A. 报名登记表　　B. 成绩单　　C. 毕业生登记表　　D. 录取通知书

参考答案：ABC

6. 毕业生图像采集可以通过以下三种方式(　　)（任选其一即可）完成。

A. 学习中心统一组织的毕业图像信息采集

B. 学生自行通过微信公众号“毕业生图像采集”进行图像采集

C. 学生自行在“大学生图像信息采集网”上完成图像采集

D. 新生报名时采集身份证上的图像信息

参考答案：ABC

7. 下列关于提交作业的说法，正确的有(　　)。

A. 作业做完后必须马上提交

B. 作业只需要在截止时间之前提交即可

C. 一次没有做完的作业无法保存

D. 一次没有做完可以先保存，下次登录后还可以继续答题

参考答案：BD

8. 我院参加参与(　　)学生需统考的两门课程的考试。

A. “大学英语（A）”　　B. “大学英语（B）”

C. “计算机应用基础”　　D. “大学语文”

参考答案：BC

9. 网络教育是一种新型的教学模式，学习的方法是(　　)。

A. 了解专业教学计划，制订个人学习计划

B. 合理安排时间，合理控制进度

C. 浏览就读学院网站，熟悉网络相关操作

D. 多看课件、多做练习，及时评价学习效果

E. 积极参加学习活动，有效使用各种学习途径

F. 搜索相关网站，收集学习资料

参考答案：ABCDEF

10. 非英语专业，符合申请免考统考科目“大学英语（B)”的条件有(　　)。

A. 获得全国大学英语四级或以上证书（2006 年 1 月 1 日前）

B. 获得全国公共英语等级考试 PETS 三级或以上级别证书

C. 获得省级教育行政部门组织的成人教育学位英语考试合格证书者

D. 参加改革后的全国大学英语四、六级考试，成绩达到 420 分（2006 年 1 月 1 日前）

E. 已具有国民教育系列本科以上学历（含本科）

参考答案：ABCDE

11. 学生在有效的修业年限内，符合毕业条件但因其他原因暂不需要毕业的学生，可在当季学院毕业工作启动后申请延缓毕业。延缓毕业流程为(　　)。

A. 学生通过学院官网提交延缓毕业申请

B. 学习中心对学生提交的延缓毕业申请初步审核并与学生沟通确认

C. 学院审核通过学生延缓毕业申请

D. 学院通知学习中心办理结果，学习中心查询确认，并通知学生本人核查办理结果

参考答案：ABCD

12. 申请学位的学生毕业设计（论文）的要求是(　　)。

A. 终稿查重率低于 20%

B. 平时成绩、指导教师成绩、交叉评阅成绩达到良好及以上

C. 参加学院统一组织的毕业答辩且成绩达到良好及以上

D. 终稿查重率低于 30%

参考答案：ABC

13. 毕业设计（论文）写作的条件(　　)。

A. 取得 49 分及以上学分　　B. 学习期限满 1.5 年及以上

C. 统考课程必须通过　　D. 课程考试必须考完

参考答案：AB

14. 课程考试主要采取哪几种方式(　　)。

A. 集中笔试　B. 考查　C. 网上考试　D. 作业

参考答案：AC

15. 统考报考须提前注册账户，注册时须提供的个人信息包括（　　）。

A. 考生姓名　B. 考生学号　C. 考生证件号码　D. 所属网院

参考答案：ABCD

16. 下列操作系统中，可以正常进行学习的有（　　）。

A. Windows 10　B. Windows 11　C. Windows XP　D. Mac OS

参考答案：AB

17. 下列关于作业重做的说法，正确的有（　　）。

A. 作业不能重做

B. 作业可以重做，但要在老师批改后才能重做

C. 作业可以重做，每套作业若得分小于 70 分有 1 次重做的机会

D. 作业可以重做，点击重做只能重做之前答错的题目

参考答案：BCD

18. 不申请学位学生的毕业设计（论文）成绩构成是（　　）。

A. 指导教师评阅成绩占 60%　B. 指导教师评阅成绩占 50%

C. 交叉评阅教师评阅成绩占 40%　D. 平时成绩占 10%

参考答案：BCD

19. 毕业设计（论文）成绩分为（　　）。

A. 优秀　B. 良好　C. 中等

D. 及格　E. 不及格

参考答案：ABCDE

20. 参加统考必须携带的物品为（　　）。

A. 身份证　B. 准考证　C. 临时身份证

D. 社保卡　E. 驾驶证

参考答案：AB

21. 从 191 入学批次开始，每门课程成绩由（　　）三项成绩按比例合成，满分为 100 分，及格为 60 分。

A. 学习过程成绩（10%）　B. 作业成绩（30%）

C. 考试卷面成绩（60%）　D. 其他成绩

参考答案：ABC

22. 非计算机专业，符合申请免考统考科目“计算机应用基础”的条件有（　　）。

A. 获得全国计算机等级考试一级 B 或以上级别证书

B. 已具有国民教育系列本科以上学历（含本科）

C. 通过学院“计算机基础”课程考试

D. 以上条件均可申请

参考答案：AB

23. 参加网上考试，在答题时间内，若未能一次性完成题目，再次进入答题界面后，可(　　)；全部完成后，检查无误，可点击(　　)按钮提交网上考试。

A. 继续答题　　B. 提交考试　　C. 保存作业　　D. 提交作业

参考答案：AB

24. (　　)学生可以申请学位。

A. 高中起点专科学生

B. 专科起点本科学生

C. 专科起点本科 *（本科及以上学历）学生

D. 所有学生

参考答案：BC

25. 关于直播教学下列提法中，正确的是(　　)。

A. 点击“进入教室”→“课程”→“直播教学”，可进入“直播教学”界面

B. 老师对课程重点、难点进行在线讲解

C. 学生可根据学院公告通知的时间参加相应课程的直播教学

D. 如错过实时直播教学可以在结束后观看视频

参考答案：ABCD

三、单项选择题（共 41 题）

1. 教师与学生的教学互动和协作，不包括(　　)。

A. 面授　　B. 语音答疑

C. 课程论坛　　D. 网络课程学习

参考答案：A

2. 学生进入网络教室，然后点击“本人电话号码”后的图标，可以修改的信息有(　　)。

A. 职业、联系地址、政治面貌、移动通信号码、邮箱

B. 姓名、联系地址、政治面貌、移动通信号码、邮箱

C. 民族、联系地址、政治面貌、移动通信号码、邮箱

D. 证件号、联系地址、政治面貌、移动通信号码、邮箱

参考答案：A

3. 毕业生取得毕业证书（以毕业证书落款时间算起）(　　)年内可以申请学位。

A. 一　　B. 两　　C. 三　　D. 四

参考答案：C

4. 拟申请答辩的学生，在提交终稿时必须通过学院“毕业论文”平台自动链接到维普论文检测系统进行查重，查重比例（即重复率）低于（　　）且核算成绩达到良好及以上才能预约和参加答辩，否则将不能参加预约和答辩。

A. 20%　　B. 25%　　C. 30%　　D. 35%

参考答案：A

5. 在学习过程中，遇到疑难点，可以通过下列哪种途径与老师或同学进行交流（　　）。

A. 观看课件　　B. 课程论坛　　C. 在线作业　　D. 下载中心

参考答案：B

6. 我院必须参加国家统考的学生是（　　）。

A. 高中起点专科学生

B. 专科起点本科学生

C. 专科起点本科＊（本科及以上学历）学生

D. 我院所有学生

参考答案：B

7. 下列浏览器中，能正常进行学习的是（　　）。

A. Google 浏览器　　B. Internet Explorer 9

C. Internet Explorer 10　　D. Internet Explorer 11

参考答案：A

8. 从 191 入学批次开始，每门课程有（　　）次考试机会，若该门课程在规定次数内考试（含缺考）均不合格，课程须重修，重修须缴纳相应学分的学费。

A. 2　　B. 3　　C. 4　　D. 5

参考答案：B

9. 为了能顺利完成毕业设计（论文）写作，在（　　）有毕业设计（论文）的相关规定、毕业论文标准格式模板、写作流程、写作时间安排、查重操作手册等资料。

A. 学院网站主页→进入教室→论文

B. 学院网站主页→进入教室

C. 学院网站主页→下载中心→学习资料

D. 学院网站主页→下载中心→常用表格

参考答案：A

10. 学生可以从课程中的（　　）了解课程教师信息。

A. 学习内容　　B. 教学大纲　　C. 教师简介　　D. 课程介绍

参考答案：C

11. 课程成绩一般在考试结束一个月后发布，登录(　　)可查看对应考试批次成绩。

A. 学院主页→进入教室→快捷通道→历次考试成绩查询

B. 学院主页→进入教室→快捷通道→作业成绩信息

C. 学院主页→进入教室→快捷通道→平时成绩信息

D. 学院主页→进入教室→快捷通道→统考成绩查询

参考答案：A

12. 现场考试开始(　　)分钟后，考生不能再进入考室参加考试。

A. 10　　B. 20　　C. 30　　D. 15

参考答案：C

13. 学生在网络教室里点击“观看课件”进行课程学习，其中(　　)可以查看某门课程的学习进度。

A. 教学大纲　　B. 课程介绍

C. 查看学习情况　　D. 讨论区

参考答案：C

14. 毕业证书每年发放(　　)次。

A. 一　　B. 两　　C. 三　　D. 四

参考答案：B

15. 按照教育部规定，网络教育学生最短学习时间是(　　)。

A. 1.5 年　　B. 2 年　　C. 3 年　　D. 2.5 年

参考答案：D

16. 课程成绩一般在考试结束(　　)后发布，登录学院主页，点击“进入教室→快捷通道→历次考试成绩查询”，查看对应考试批次成绩。

A. 15 天　　B. 30 天　　C. 10 天　　D. 20 天

参考答案：B

17. 网上考试一次最多可以考(　　)。

A. 1 门　　B. 6 门　　C. 7 门　　D. 12 门

参考答案：D

18. 从 2019 年起学院现场考试，每场考试时间为(　　)。

A. 45 分钟　　B. 60 分钟　　C. 90 分钟　　D. 100 分钟

参考答案：B

19. 在完成作业时，下列题型需要老师人工批改后才会出成绩的是(　　)。

A. 客观题　　B. 主观题　　C. 单选题　　D. 判断题

参考答案：B

20. 毕业设计（论文）的正文字数要求（　　）。

A. 3 000～4 000 字　　B. 4 000～5 000 字

C. 5 000～8 000 字　　D. 8 000～10 000 字

参考答案：C

21. 申请学位时间为每年（　　）。

A. 一月和七月　　B. 三月和九月

C. 四月和十月　　D. 五月和十一月

参考答案：D

22. 学生最低首付学费为（　　）。

A. 40 学分学费　　B. 50 学分学费

C. 60 学分学费　　D. 任意学分学费

参考答案：A

23. 点击“开始学习”进行课程学习，其中观看视频学习，每学习完成 1 个不同视频可获得（　　）分。

A. 1　　B. 2　　C. 0.5　　D. 3

参考答案：C

24. 在（　　）里可查看到该课程的考试内容和考试要求。

A. 课程介绍　　B. 教师简介　　C. 教学大纲　　D. 考试大纲

参考答案：D

25. 重庆大学网络教育学院全国咨询电话（　　）。

A. 023－65127312　　B. 023－65127316

C. 023－65127601　　D. 023－65127310

参考答案：D

26. 在重庆大学网络教育学院主页上，学生开始学习时，需点击（　　）。

A. 教师平台　　B. 管理平台　　C. 进入教室　　D. 课程论坛

参考答案：C

27. 网上考试一般开通（　　），开通期间可以完成网上考试。

A. 14 天　　B. 20 天　　C. 25 天　　D. 8 天

参考答案：A

28. 学生在网络教室的（　　）可以查看已学课程和在学课程。

A. 在线作业　　B. 统考复习　　C. 数字图书馆　　D. 课程

参考答案：D

29. 从 191 入学批次开始，课程学习过程成绩达到(　　)分及以上，且完成对应课程三套作业并提交后，才能在学院规定的时间预约考试，预约成功后才能参加现场考试。

A. 2 分　　B. 3 分　　C. 4 分　　D. 5 分

参考答案：D

30. 学生个人信息核对中，若发现姓名、性别、身份证号码、专业、照片等相关信息有误，应及时联系(　　)进行修改。

A. 教务老师　　B. 所属学习中心老师

C. 招生老师　　D. 财务老师

参考答案：B

31. 学生可以在学院规定时间内，通过下列哪种方式与老师进行在线实时交流互动(　　)。

A. 观看课件　　B. 在线作业　　C. 语音答疑　　D. 下载中心

参考答案：C

32. 学习时间满(　　)后，学生可填写“毕业生登记表”。

A. 1.5 年　　B. 2 年　　C. 2.5 年　　D. 1 年

参考答案：D

33. 下列关于作业成绩的说法，正确的是(　　)。

A. 作业成绩占了课程总成绩的 5%　　B. 作业成绩占了课程总成绩的 10%

C. 作业成绩占了课程总成绩的 30%　　D. 作业成绩占了课程总成绩的 60%

参考答案：C

34. 学生学习过程成绩占课程总成绩的(　　)。

A. 10%　　B. 20%　　C. 5%　　D. 30%

参考答案：A

35. 从 191 入学批次开始，参加网上考试的条件为(　　)。

A. 学习过程成绩必须取得 5 分及以上，且完成三套作业并提交后

B. 网上考试需要预约，学习过程成绩取得 5 分及以上

C. 完成对应课程三套作业

D. 全部都不是

参考答案：A

36. 学院一年组织(　　)次毕业设计（论文）写作。

A. 一　　B. 二　　C. 三　　D. 四

参考答案：B

37. 统考报名每次需单独缴纳报名费，具体费用为(　　)。

A. 35 元/人・科　　B. 30 元/人・科

C. 40 元/人・科　　D. 70 元/人・科

参考答案：A

38. 考试预约结束(　　)天后，可以登录学院主页，点击“进入教室”→“考试”→“打印准考证”下载、打印准考证，可查询考试课程、时间、教室号、座位号等信息。

A. 15 天　　B. 5 天　　C. 10 天　　D. 20 天

参考答案：A

39. 学位证书每年发放(　　)。

A. 一次　　B. 两次　　C. 三次　　D. 四次

参考答案：B

40. 从 2019 年开始，课程能否进行考试预约，与(　　)有关。

A. 学生交费时间　　B. 课程开课时间

C. 课程选课时间　　D. 取得学习过程成绩分数及完成作业情况

参考答案：D

41. 学生学籍在学信网注册时年龄(　　)的非英语专业学生可免考国家统考科目“大学英语 B”。

A. 满 35 周岁　　B. 满 40 周岁

C. 满 45 周岁　　D. 满 50 周岁

参考答案：B